МЕХАНИЗМЫ КОНТРОЛЯ ЧЕЛОВЕЧЕСТВА.
Новая Политика в Условиях Глобального Политического и Духовного Пробуждения.

For information contact the author: SellWithVlad@gmail.com
Book and Cover design by Vladislav Pochepinski
First Edition: November 2014

DesignINN.co

ISBN-13: 978-0-9908732-0-4

Содержание

Вступление

Все мы ощущаем дыхание перемен. Оно проявляется, в первую очередь, в кризисе старых, в большей степени вертикальных моделей управления во всём мире. Если ещё в 1980-х годах в узких интеллектуальных кругах речь шла о личной и социальной трансформации под видом конспирологии эры водолея [1], то сегодня, когда большинство информации оказалось в открытом доступе и каждый желающий может начать анализировать происходящие вокруг процессы, мировые политические гуру всерьёз решают вопрос о возможности сохранения управления в стремительно меняющемся и исключительно сложном мире. Так, на влиятельном Совете по Зарубежным Связям (Council on Foreign Relations), проходившем в Мюнхене в 2010-м году, известнейший профессор и геостратег Збигнев Бжезинский предельно кратко описал проблему всемирного политического пробуждения:

"Главные политические центры мира, как новые, так и старые, стоят перед новой реальностью: хоть убойная сила их оружия и больше, чем когда-либо, их возможность навязать контроль за политически проснувшимися массами людей в мире находится на исторически минимальном уровне. Проще говоря, раньше было легче контролировать миллион человек, чем физически их убить. Сегодня же гораздо легче убить миллион человек, чем этот миллион контролировать." [2]

Вдумываясь в выше сказанное, можно сообразить, что лучшие гуманитарии планеты понимают, что если не начать реформировать системы управления сейчас, завтра можно потерять всё тем, кому есть что терять: в результате анархии и войны всех против всех.

Я бы выделил два аспекта глобального пробуждения сознания человечества: индивидуальный и социально-политический. В любом случае, индивидуумы с пробуждённым сознанием толкают вперёд социо-политические изменения, даже не осознавая этого. Например, некоторые большие корпорации лихорадочно ищут возможности перестройки на новый креативный лад, однако большинство не знает, что делать с оттоком кадров высоко квалифицированных работников, для которых корпоративные законы становятся удушающими. В результате, множество корпораций махнули рукой на текучку кадров и просто стараются выжать из нового работника максимум энергии до тех пор, пока он не сообразил, что нужно поскорее искать новую и, желательно, более творческую работу. Пока новый человек освоится на освободившемся месте, он не может работать эффективно и продуктивно, что часто приводит к серьёзным ошибкам в работе всей корпорации, а иногда и к катастрофам, что отрицательно отражается на финансовой отчётности и обществе в целом, поднимая красные флажки опасности. И наоборот, такие корпорации как, например, Google или Amazon всячески поощряют креативность на работе и отходят от традиционных форм и методов организации работы, притягивая креативных людей.

---

1 Marilyn Ferguson, "The Aquarian conspiracy. Personal and social transformation in our time". J.P.Tarcher, Inc., Los Angeles 1980.
2 http://www.storyleak.com/brzezinski-global-political-awakening-making-syrian-war-difficult/#ixzz31SY7tqxn

Современные философы, психологи и гуманитарии различных направлений интенсивно работают в области индивидуального духовного пробуждения и я не буду останавливаться на личностном аспекте пробуждения. В этой работе речь пойдёт о решениях чисто управленческих и политических, к поиску которых призывал уважаемый профессор Бжезинский в Мюнхене 2010 года. К сожалению, сложившийся истэблишмент управленческой научной элиты подвержен всем изъянам сегодняшней бюрократической машины. Как правило, университетские элиты обслуживают либо корпоративные интересы, либо сложившиеся государственные структуры. Поэтому необходим свежий взгляд на вещи, не отягощённый никакими обязательствами перед вышеуказанными структурами. Этот взгляд я представлю широкому кругу читателей, который, я надеюсь, смогут принять к действию управленческие структуры под угрозой потери управления происходящими в мире процессами. Ведь гораздо выгодней поступиться частью своих интересов, чем потерять всё. Достаточно взглянуть, к примеру, на Россию начала 20-го века, чтобы ужаснуться трагедии этой страны, произошедшей всего лишь из-за упёртости романовской элиты, которая не желала идти ни на какие уступки.

■■■

Часть I. Природа государства
Государство и боги против человека - вечный антагонизм

Мюррей Н. Ротбард (1926-1995), известнейший американский учёный либертарианского толка, принадлежавший к австрийской школе экономики, рассматривал взаимоотношения человека и государства как вечную борьбу общества и государства. По его мнению, человек является созидательным и креативным началом, а государство всегда наступает и ограничивает права человека. Основными направлениями наступления государства он называл монополию на принуждение, юстицию, инфраструктуру (дороги, каналы, мосты, почта) и образование с целью формирования мнений будущих граждан[3]. Учёный верно озвучил основные признаки этого антагонизма, отметив, что право частной собственности и свободный рынок - первичны, а государство как механизм подавления частной собственности и перераспределения благ - вторично. Ротбард также указал, что государство не есть результат общественного договора по Жан-Жаку Руссо, а есть результат покорения и эксплуатации. Сделаю лишь одну поправку, дающую новую перспективу в рассмотрении антагонизма государства и человека: государство на Земле возникло как необходимость управления богами размножившимися людьми. Современные расшифровки шумерских письменных источников подтверждают это. Ну а эксплуатация и завоевания - это уже следствие порядков, спущенных богами.

Ярчайшим историческим примером победы государства над человеком является территория России. Вероятно, для рускоязычного читателя будет кстати упомянуть создание Киевской Руси. Возможно, многим не понравится моя точка зрения, но строительство мощного государства на Руси и упадок промышленности и торговли начались именно с приходом Рюриков. Об образе жизни на Руси в те времена упоминает один из выдающихся американских историков первой половины 20-го века русского происхождения Михаил Иванович Ростовцев в своей работе "Иранцы и греки в южной Руси"[4], который призывал не вести отсчёт руской истории с 9-го века, как это принято сегодня официальной государственной историографией России, а вести историю с древнейших времён, со скифов. В частности, профессор Ростовцев пишет, что до Рюриков Русь (современное причерноморье и юг России и Украины) была страной процветающих городов-государств, активно торговавших с миром: Константинополем, Центральной азией, Китаем, Индией, Балтикой и Белым морем на севере. Города имели все признаки республик: народное собрание, совет старейших (сенат), а также выборных судей и избираемых высших должностных лиц - довольно типичное для античности состояние дел с многобожием и достаточно распространённой свободой слова. Представьте себе бродячих музыкантов-былинников, дающих концерты на главных площадях городов - немыслимое дело в сегодняшней России, где за пикет грозит тюремный срок.

---

3 Murray N. Rothbard. "Anatomy of State" Ludwig von Mises Institute, Auburn, AL 2009.
4 Michael Ivanovitch Rostovtzeff. "Iranians and Greeks in South Russia"
   Oxford at the Clarendon Press 1922.

Я бы с радостью принял точку зрения многих исследователей, что современные коды государственности Россия унаследовала от так называемых татаро-монгол, которые являются китайскими, а позднее византийскими. Но настораживает то, что современная Россия официально ведёт свою историю именно с 9-го века, а не со скифов, готов, сарматов, а тем более не от татаро-монгол. Оставим эти рассуждения историкам. От себя лишь отмечу, что вероятнее всего с приходом Рюриков произошла банальная узурпация власти со стороны одной из её ветвей, а именно - исполнительной, или группой военных. Возможно, что на Руси были и свои Цицероны, выступавшие против принципата, однако же зачистка всех источников информации и артефактов оказалась настолько брутальной, что сегодня можно рассчитывать разве что на раскопку древних русских городов, оказавшихся под искуственно созданными водохранилищами на юге России и Украины. Можно сказать, что в начале эпохи принципата и усиления государственной власти Русь испытала определённый подъём и даже прибила щит на врата Царьграда. Однако же, произошло это за счёт захвата и эксплуатации нажитого непосильным трудом и рыночными отношениями имущества, говоря современным языком - национализации. В конечном же итоге произошло то, что и должно было произойти: бегство капитала и промышленности из стран "соцлагеря" в "капиталистические" страны западной и восточной Европы. В результате, Русь из передовой промышленной и торговой страны городов-республик превратилась в феодальную ослабленную аграрную часть суши, став сравнительно лёгкой добычей татаро-монгол уже в 13-м веке. С тех пор Россия продолжала двигаться в русле вечно догоняющей парадигмы, предложенной Рюриками. Так государство победило человека на Руси.

Возвращаясь же к доктору Ротбарду и его работе "Анатомия государства", увидим, что в самом конце исследования он признал, что проблема государства всё ещё очень далека от окончательного разрешения и что новые пути исследования должны быть испробованы, намекая на новый ренессанс и свободу критического мышления. Так откуда же взялось государство и его устрашающая, всеперемалывающая мощь? По совету Ротбарда, попробуем подойти к вопросу с другой стороны.

■■■

Власть, данная богами

Многие ошибочно полагают, что власть формируется народом. Ссылаясь на авторитетные источники, а также логические размышления, попробуем показать, что власть и государство всё-таки спущены людям на землю более разумными, чем люди существами, которых во все времена называли богами. Разница между властями была лишь в степени свободы, которую дозволялось иметь людям.

Как никогда кстати, в 80-х и 90-х для узкого круга интересующихся стали доступны книги американского учёного и исследователя Захария Ситчина, работавшего над изучением глиняных табличек Шумера, Вавилона и Аккада, а в начале 90-х вышла замечательная книга-исследование Вильяма Брамли "Боги Эдема"[5]. Великий популяризатор древних письменностей Захария Ситчин открыл для широкого круга тайны древних астронавтов, прибывших на Землю в поисках полезных для них ископаемых и поставившим добычу драгоценных металлов на широкую ногу сотни тысяч лет назад. Для облегчения физической тяжести работ их учёный Энки, один из руководителей экспедиции, проводил эксперименты по выращиванию в утробе женщин-инопланетян новых существ, которые могли бы понимать и выполнять команды и взяли бы на себя основную часть изнурительной физической работы. За основу мужского начала использовалось семя обезьян. Не всё шло гладко, приходилось долго эксперементировать с генетикой материала. В итоге многолетних экспериментов удалось создать людей. Об этом всём написал бог Энки в своих мемуарах, которые дошли до нас в виде глиняных табличек, расшифрованных ещё в конце 20-го века. Одни из созданных перво-людей были помещены в библейский сад Эдем. Мы можем только предположить, сколько разных людей было создано в разных частях планеты в разное время в результате ставших доступными широкому кругу инопланетного сообщества данных об искусственном осеменении. Во всяком случае, современная генеология даёт информацию о различных отдельно стоящих древах прародителей современных людей. Этим и объясняются, с моей точки зрения, различия в расах, подвидах и языковых группах.

Майкл Теллингер в своей книге "Рабское человечество для богов"[6] подробно рассказывает о намеренно созданных изъянах в геноме человека. В отличие от богов (инопланетян), мы быстро стареем и умираем. Мы подвержены болезням и нас легко стравить по любому поводу: язык, религия, партия, раса, патриотизм, национализм, - дальше вы сами можете продолжить список. Принцип "разделяй и властвуй" был придуман не римлянами, а богами. Наиболее известный случай приведён в Библии, когда "Бог" смешал языки, чтобы люди не смогли построить Вавилонскую башню. Кстати, по мнению Захария Ситчина, правильный перевод должен был бы означать не башню, а ракету, на которой можно было бы долететь до неба. Так что первая попытка общественного пробуждения была подавлена довольно успешно и, по-видимому, мягкими способами. Однако не всегда способы подавления

[5] William Bramley. "Gods of Eden"
    Harper Collins Piblishers Inc.. New York, New York 1990.
[6] Michael Tellinger. "Slave species of the gods. The secret history of the Anunnaki and their mission
    on Earth". Bear & Company, Rochester, Vermont 2012.

развития сознания людей были гуманными. Та же Библия приводит неисчислимое множество жестокостей и зверств. Например, Майкл Теллингер считает, что Содом и Гомора были центрами развития науки и техники, что, естественно, являлось грехом в глазах "Бога"

Людям были спущены жёсткие и краткие инструкции о том, что делать можно, а что есть "грех"

За неподчинение приходилось жестоко расплачиваться по всей строгости спущенного на землю с небес закона.

Вильям Брамли предположил, что инопланетяне осуществляют контроль за своими несовершенными детьми по очереди, меняясь. Я рискну предположить - в соответсвии с эпохами знаков зодиака, через несколько тысяч лет. Захария Ситчин подробно пересказывает создание первых государств на Земле в своих многочисленных книгах. В кратце, когда боги ещё общались с людьми вживую, чему сохранилось немало свидетельств, начиная с глиняных табличек и заканчивая Гомером, то они ставили во главе царств наиболее смышлённых и способных к обучению людей. Часто это были сыновья самих богов, потому первые цари и были очень похожи на богов. Это были в буквальном смысле полубоги и герои, изображаемые на древних картинах великорослыми. В частности, библейский Ной назывался немного по-другому, но был не просто мастером по изготовлению лодок, а сыном бога и царём, которому один из богов, физический отец Ноя, и сумел в тайне передать чертежи подводной лодки, а также инструкции по спасению генофонда всех земных существ.

Для осуществления царской деятельности, царям были даны, либо продиктованы, законы для управления первыми людьми. Ну а чтобы монарх мог держать первобытный народ в подчинении его небесные родители снабжали своего высокородного отпрыска чудо-оружием, которое было в единственном экземпляре и охранялось супер надёжно. Для поддержания порядка использовались известные способы: религия, страх, насилие и периодически - "чудо"

Со временем, заложенная в геноме человека тяга к знаниям давала результаты и народ становился грамотней. Да и разные боги относились к людям с разной степенью гуманности. Например, в древней Греции и Риме они уже фактически не вмешивались в земные дела правителей, изредка проводя корректировки в виде опрыскивания определённой территории химическим или биологическим оружием, вызывая болезни и моры. Ссылаясь на известные исторические источники, можно, наверное, говорить о том, что боги отказались от прямого вмешательства в дела людей примерно после завоеваний Александра Македонского, хотя Вильям Брамли приводит ссылки на работы средневековых авторов, которые описывают появления НЛО в небе над городами перед вспышками там чумы или других страшных болезней.

Нельзя сказать, что боги всегда были жестокими к людям. Многие из них проявляли чувства филантропии и даже "шли на костёр" за своё человеколюбие, как например Прометей, даровавший людям огонь. Боги научили людей всему, что мы сегодня называем медициной, промышленностью, сельским хозяйством, военным технологиям и т.д.. Они о нас заботятся как о любимых домашних животных. Ну какой хозяин выгонит собаку спать на мороз? Но и отрабатывать хлеб заставит её тоже.

Надеюсь, что картина примерно ясна. Законы были даны с небес, чтобы люди друг друга не поубивали, работали хорошо, платили все налоги и сборы исправно в казну храма и поменьше задумывались об устройстве мира. Тем не менее, каким-то чудом религия не смогла уничтожить всех катар, еретиков, богомильцев и прочих гностиков. И северная Италия начинает давать миру ренессанс. После долгих и жесточайших войн протестанты пробили себе дорогу в Америку и прогрессивным людям удалось принять там Декларацию независимости, Конституцию и Биль о правах. Человек начал отвоёвывать у государства (богов) свои права. Или, правильнее было бы сказать, что боги поделились с людьми властью. Совершенно не случайно американские масоны написали первые слова конституции "We the People" буквами по размерам превышающим буквы остального текста в пять-шесть раз. Это была одна из первых заявок людей на самоуправление на планете Земля. Огромного размера первые слова подчёркивают, что это МЫ ЛЮДИ пишем теперь себе сами законы и заявляем о своих правах человека. Глаз над пирамидой говорит о том, что мы осознаём, что за нами наблюдает высшая сила и что все законы мы пишем с благословления определённых высших сил и действуем под их неустанным присмотром. Однако, даже самая продвинутая на сегодняшний день на Земле конституция не оказалась совершенной, хотя и дала человечеству возможность сделать колоссальный скачок вперёд. Благодаря американской конституции, мир не угодил в лапы очередного диктатора в 20-м веке. И всё же, что имел в виду профессор Бжезинский, когда говорил о трудностях контроля за просыпающимся населением? Значит, контроль осуществляется, просто в более гуманной форме, но человечество развилось и требует больше свобод и меньше контроля?

∎∎∎

Часть II. Идеологические механизмы контроля
Контроль идеологический

Под механизмами идеологического контроля я предлагаю понимать то, за что человек готов бороться и даже отдавать свою жизнь добровольно или в результате приобретенного, так называемого, "стокгольмского синдрома"

Конечная цель таких учений - сделать человека управляемым с помощью отключения мыслительного рационального процесса и включения эмоционально-иррационального процесса мышления шаблонами, типа "хороший плохой", "добрый-злой"

Выключив рациональное мышление, человек легко попадает под власть так называемых кукловодов, которые могут стравливать огромные массы людей друг с другом и решать таким образом свои задачи. Ниже я приведу основные идеологические приманки, а пока что отмечу, что единственным способом противодействия им является накопление объёма знаний и способность человека критически мыслить. Более того, решусь сделать предположение, что если бы объём свободы в мире можно было измерить, то производителем свободы являлись бы люди, не привязанные ни к каким идеологиям, но способные критически мыслить и подвергать любые вещи анализу. Известный современный американский писатель и философ доктор Вэйн Дайер в одном из своих выступлений так озвучил мудрость древних: "Интересуйтесь всем, но не будьте привязаны ни к чему".

Итак, пройдёмся по самым известным на сегодня идеологическим привязкам, благодаря которым наш мир до сих пор пребывает в состоянии войн и перманетных конфликтов.

■■■

Все религии

Сразу необходимо оговориться, что нужно различать Бога, который создал вселенную, и богов, которых мы пишем с маленькой буквы и которые в силу своих более развитых сущностей представлялись людям "Богом"

Все войны на земле так или иначе инициировались богами. Об этом отлично знали древнии люди. Достаточно прочитать "Энеиду" Виргилия или "Илиаду" Гомера, чтобы понять, что боги манипулируют людьми примерно так же, как мы своими домашними животными. Довольно подробно об этом способе стравливания людей написано у Вильяма Брамли. Христианам и иудеям можно вспомнить эпизод когда Иегова "ожесточал" сердце фараона в то время, как к нему приходил Моисей и просил отпустить иудеев из Египта. Все религии, начиная с самых древних шумерских и заканчивая сегодняшним христианством, различались лишь степенью терпимости по отношению к развитию науки. Иногда боги даже напрямую инструктировали людей, беря их к себе на небо и затем отпуская, как в случае с библейским Енохом, например. Иногда знания открывались учёным людям в виде сновидений или откровений, как, например, таблица химических элементов - Менделееву. Боги поднимали и опускали величие различных стран в разное время на протяжении истории, давая им в руки невиданное до того оружие. Последний пример - создание ядерной бомбы немцами, которую они просто не успели применить на исходе второй мировой войны и которая попала к американцам. Ведь боги тоже делили землю между собой, что приводило иногда и к применению ядерного оружия. К таким выводам приходит знаменитый исследователь лингвистики и истории Захария Ситчин в своей книге "Войны богов и людей"[7]. Иначе трудно было бы объяснить заброшенные и фактически нетронутые шумерские города, которые в своё время накрыл ядерный пепел. Но если шумерские войны и разрушение Иерихона можно объяснить разборками богов, где люди являются просто пешками, то уничтожение Содома и Гоморы, по мнению исследователей, объясняется тем, что там были сосредоточены центры науки и искусства, что являлось тягчайшим грехом в глазах богов. Официально был придуман повод - разврат и разложение нравов содомитов, прямо как сегодняшние посылы радикальных мусульман - "разлагающийся Запад", который по их мнению должен быть уничтожен.

Далеко ходить не будем, вспомним инквизицию. Развитие науки должно было осуществляться только под присмотром святой церкви и только в нужном русле. После сожжения христианами Александрийской библиотеки и жесточайшего преследования еретиков центр науки переместился в Дамаск. После становления морских Венецианской и Генуэзской республик и участившихся контактов их купцов с мусульманским миром в начале второго тысячелетия, папы реально озаботились проникновением крупиц знаний с востока и стали накладывать запреты на торговлю с магометанами, а затем инициировали и крестовые походы. Поток новых знаний и изобретений спровоцировали скачок в экономическом развитии западной Европы и возрождение целого класса

---

[7] Zecharia Sitchin. "The wars of gods and men". Harper Collins Publisher, New York, New York 1985.

новых исследователей, ремесленников, буржуазии. Нарождающемуся классу независимо мыслящих людей нужно было надеть идеологическую уздечку и направить процесс, который было трудно остановить, в нужное идеологическое русло. С этой целью и стали создаваться первые университеты имеено как институты цензоров, нечто сродни коммунистической цензуре в Советском Союзе, когда в любых достижениях или успехах человек должен был в обязательном порядке осветить руководящую и мудрую роль коммунистической партии и лично Генерального секретаря ЦК КПСС - папы римского.

К тому же, возрождение центров коммерции по всей Европе требовало новых регулирующих законов, а упускать из рук созданную кровью и потом империю Шарлемана никто из идеологического отдела церкви не хотел. Поэтому в первых университетах лихорадочно искали новые юридические скрепы, адаптированные под возрождающиеся античные буржуазные отношения. А где ещё, как не в римском имперском праве, можно было их найти. Первые солдаты бога (христианские революционеры) древнеримские рукописи или сжигали, или использовали в качестве бумаги на различные нужды. Так, например, святой Августин писал свои комментарии на псалмы прямо поверх неполностью стёртых букв работы Цицерона "О республике", которая совершенно не случайно неправильно переведена на русский язык под названием "О государстве"[8]. Впрочем, спасибо ему, что не сжёг - фрагменты удалось восстановить. Теперь же, необходимо было поднимать древнеримские рукописи заново. Но работать с античными текстами нельзя было доверить кому попало - христианская идеология не допускала общения с трудами тех, кто часто ссылался на "чуждых" богов. Поэтому кадры в университетах проходили жёсткий идеологический отбор. Задачу переложения германских канонов на старо римский лад и начали решать в Риме. Так, Ирнериус, первая величина Болонского университета в 12-м веке, писал, что император должен советоваться с сенатом при принятии законов, что было возрождением германской традиции, которая предполагала консультации конунга с вождями, представлявшими всё общество[9]. Неплохая отговорка для использования древних римских работ по приведению юридической системы в соответсвие с реалией, только под более удобоваримым соусом.

О роли юридической системы в регулировании свободы мы поговорим позже в разделе о политическом контроле, сейчас же важно отметить религиозную идеологическую оболочку. Во имя богов совершались самые жестокие войны в истории человечества. Во имя богов жгли костры инквизиции, убивали "неверные"

Одним из "достижением" христианства можно назвать более гуманные методы ведения войн - количество стёртых с лица земли городов, на мой взгляд, было гораздо меньшим, чем при старых богах. Сомневающиеся могут заглянуть в Библию, чтобы удостовериться в жестокости древних богов. В подтверждение того, что люди всё-таки стали более миролюбивыми, приведу размышления Маккиавели из его бессмерной работы "Рассуждения на первую декаду Тита Ливия"[10]. Так во второй главе второй части знаменитый дипломат эпохи воз-

8   Marcus Tullius Cicero. "On the Commonwealth". Macmillan Publishing Company, NY, NY 1976.
9   John B. Morrall. "Political thought in medieval times" Medieval Academy of America 1980.
10   "The portable Machiavelli" Penguin books USA Inc., New York, New York 1979.

рождения высказывает мысль, что причиной того, что людей в его время гораздо труднее поднять на защиту свободы республики, чем в языческие времена, является христианская религия. Она презирает всё мирское, поощряет людей страдать и призывает страдать, а не биться за свободу. Стойкость и воинственность римлян, готовых на смерть биться за свою свободу объясняется прославлением величия духа, силы тела, грандиозными жертвенными церемониями, в которых люди приобщались к жестокости.

Однако же вторым важным "достижением" церкви можно назвать исключение из упоминания в доктринах такой важной части человека, как разум. Если в концепции Гермеса-Трисмегиста человек состоял из тела, духа и разума, то в церковных концепциях речь идёт лишь о спасении души, а вся философия христианства сосредоточилась на противопоставлении духовного и телесного. Отключка рационального мышления позволяет пробудить в человеке состояние страха и, как результат противодействия страху, слепую агрессию. Однозначно, контролировать и направлять людей без мозгов было гораздо легче, чем многих эллинов, воспитанных на работах Сократа по критическому мышлению.

Именно "благодаря" христианству мы получили самый кровавый в истории человечества 20-й век. Произошло то, что и должно было произойти. С развитием науки и техники в мире образовалась узкая прослойка людей, которые стали мыслить рационально и обособленно, без оглядки на официальную идеологию. Направив свои знания на достижение силы и славы, а зачастую просто являясь оружием в руках богов, преследующих свои цели, они смогли сравнительно легко манипулировать людьми с шаблонным сознанием рабов божьих. Отключённые эпохой христианства мозги легко воспринимали пропагандистские штампы, ложившиеся на благодатную почву чёрно-белого мира: "капиталисты - рабочие", "арийцы - недочеловеки", "русские - фашисты" и т. д.. Так, например, в России возродилась древняя, ранее неизвестная широким кругам, религия, которую назвали коммунизмом, или социализмом, с жесточайшим идеологическим контролем и физическим истреблением всех критически мыслящих людей, отменой частной собственности и возведением зиккурата в самом центре Москвы с лежащей там мумией нового "царя", с совершенно кошмарными человеческими жертвоприношениями в виде массовых пыток и расстрелов миллионов людей. Совершенно неслучайно большевики всегда в первую очередь уничтожали цвет интеллигенции, ведь критическое мышление рождает эфир свободы. Даже один независимо мыслящий человек может начать брожения в обществе. Поэтому на всех собраниях во всех рабочих коллективах, а тем более коммунистов, каждое голосование должно было проходить единогласно. Несогласного, или даже просто воздержавшегося, ждало всеобщее проклятие, выражавшееся в заклеймении. Если же и это не помогало, то человека выгоняли с позором с работы с "волчьим билетом" на руках - записью в трудовой книжке. Трудоустройство после такого было более вероятно на стройке или кочегаром.

Овладевшие древними знаниями новые жрецы оставляли только за собой возможность критически мыслить и адекватно анализировать происходящие в мире процессы. Именно поэтому в СССР, государстве рабочих и крестьян, в высшем руководстве не было ни одного рабочего или крестьянина, а первая верхушка была сплошь дворянского происхождения, нещадно истреблявшая всех конкурентов, способных "производить" свободу. На сегодняшний день влияние религий на разум человека ограничено в западных странах ввиду принятия декларации прав и свобод человека и отделения церкви от государства, однако во многих странах мира религия до сих пор является верным оплотом государственной власти, хотя, в силу развития информационных технологий, влияние религий постепенно ослабевает. Но не следует недооценивать силу и традиции архаичных религиозных институтов, которые при первой возможности не постесняются возродить свою былую мощь. Так, например, в России Православная церковь под прямым руководством и финансированием жрецов КГБ стремится всеми силами отвоевать прежние идеологические позиции тотального дореволюционного контроля над населением. Государство поощряет введение обязательного церковного образования в школах, а церковные структуры получают возможности контролировать серьёзные финансовые бюджетные потоки и постепенно сливаются в антизападной (антимозговой) риторике с мусульманскими радикалами.

В результате, если после Перестройки естественный процесс оттока учёных и предпринимателей за рубеж назывался "утечкой мозгов", то сегодня все мыслящие люди, несогласные с политикой Путина, фактически вытравливаются из России, публично высмеиваются на государственных телеканалах, подвергаясь остракизму на всех уровнях общества. Контролировать мыслящих людей становится всё более сложно, даже применяя массовую пропаганду, а вполне возможно и новейшие разработки психотронного оружия. Пойдут ли современные кукловоды на массовое уничтожение населения, чтобы опустить его на первобытный уровень, сохранив высокие технологии лишь для узкого круга посвящённых? Я согласен с профессором Бжезинским, что сегодня легче уничтожить миллион человек, чем их контролировать, поэтому такая опасность безусловно существует. Что делать? Чтобы ответить на этот вопрос и пишется эта книга.

■■■

Национализм

Национализм - ещё одна форма привязки человека, на этот раз к нации, подразумевающая служение чему-то большему, чем он сам, причём в самозабвенной форме. С ослаблением влияния религии на умы населения, а также ростом левацких идеологий, буржуазные лидеры стран озаботились сохранением своих позиций и вынуждены были сделать упор на национализм, чтобы мобилизовать население на защиту в первую очередь своих интересов, представленных под видом национализма интересами страны и нации. Как мы видели ниже, одним из первых на неспособность религии объединить население на борьбу с внешними агрессорами обратил внимание ещё Никола Маккиавели в начале 16-го века. Для более серьёзных игроков, держащих население земли в управляемом состоянии, национализм является ещё одним способом разделения и стравливания людей. В процессе написания данной работы мне в руки попала старая книга Гомера В. Смита "Человек и его боги"[11].

Самым интересным в ней оказалось предисловие Альберта Энштейна, в котором знаменитый учёный дословно подтвердил мои выводы. Энштейн подчеркнул, что автор правильно отметил неизмеримые страдания, которые религиозная мистическая мысль принесла человеку, однако же с ослаблением авторитарных сил религии к концу 19-го века, укрепилось новое направление мистической мысли, не менее опасное для человечества - преувеличенный национализм.

Согласимся с великим учёным, добавив лишь, что любая страна так или иначе обязана учитывать национальные особенности проживающих там людей, ибо поставлена перед данностью разобщённости людей по национальным, культурным и языковым признакам. Ведь не правительства смешали языки. Сделали это, как доказал Ситчин, боги, ещё при строительстве так называемой вавилонской башни. Отмечу лишь, что, по моему мнению, смешать языки можно было лишь в одной языковой группе, в данном примере – индоевропейской и семитской. Попытки некоторых учёных выявить некий общий праязык выглядят со стороны "притянутыми за уши", настолько они несуразны.

Должны ли национальности иметь каждая своё государство? Совсем не обязательно, если проводится разумная политика, хотя в идеале мононациональные государства - самые устойчивые в развитии. В любом случае, разделение государства по национальному признаку должно проходить в рамках взаимных договорённостей и не за один день, как это делали, например, Чехия и Словакия. Я всё же предлагаю рассматривать любые национальные конфликты через призму борьбы покровительствующих каждому народу богов. Менее цивилизованные боги могут переругаться и начать бить горшки. Тогда возникают кровавые и вооружённые межнациональные конфликты. Свидетельством споров богов служат для нас не только шумерские и аккадские таблички, но и более поздние греческие и римские писания. Сегодня одним из наиболее ярких примеров стремления одних из богов, или группой богов, восстановить абсо-

---

[11] Homer W. Smith. "The Man and his gods" Little, Brown and Company, Boston 1952.

лютное право на людей и территории является стремление России возродить СССР под видом таможенного союза. В центре Москвы на Красной площади до сих пор лежит в зиккурате мумия Ленина, в каждом городе и посёлке стоят его памятники, а большая часть улиц до сих пор названы в честь большевиков и их производных. С экранов телевидения несётся пропаганда Евразийского союза и антизападная риторика о вреде демократии. Всё это происходит на фоне полного контроля за всеми сферами жизни со стороны ФСБ. Кремль использует карту русской идентичности как инструмент собирания земель. И если в западных странах видна руководящая рука цивилизованных богов, дающих шанс людям подняться на более высокую ступень умственного развития, то в России видна рука, условно говоря, тёмных богов, тех самых, которые кроваво и жестоко превращали людей в беспрекословных рабов, лишённых любой собственности.

■ ■ ■

Род и община

Аппеляции к родовым и общинным устоям - более мелкая разновидность национализма. Вместо привязки и подчинения человека интересам нации (читай - государства), людей подчиняют воле общины или рода. В результате образуются небольшие государства в государстве со своими правилами, зачастую противоречащими законам и традициям страны, в которой проживает та или иная община. Вожди общины гарантируют определённый прожиточный минимум своим родичам, подчиняя их своей воле. Отсюда вырастает этническая преступность. Чем выше в государстве коррупция, тем больше влияние местных вождей на своих сородичей.

■■■

Расизм

Теория происхождения рас, приводимая современной дарвинистской наукой, вызывает горячие споры в учёной среде. Ещё совсем недавно считалось, что человечество произошло от одного единственного предка, вышедшего из Африки. Такая точка зрения была доказана ошибочной американским учёным гарвардского университета, биохимиком русского происхождения Анатолием Клёсовым, который первым применил математические методы анализа для исследования ДНК. В своих исследованиях Клёсов показал, что предки индоевропейцев не пересекаются с африканским первочеловеком[12]. Сегодня учёные по старинке объясняют различные расовые типы мутациями. На мой взгляд, опираясь на исследования Ситчина, Брамли и Клёсова, можно сделать предположение о разных прародителях рас, в разное время побывавших на нашей планете. Каждая группа инопланетян, заведующая Землёй или её частью в различные древние эпохи, создавала слуг-людей по своему образу и подобию, только с видоизменённым, дефектным геном, чтобы люди не могли, или не успевали за свою короткую жизнь, развиться до уровня своих богов. Поэтому Библия нас не обманывает, когда говорит о том, что человек был создан по образу и подобию божьему, только вот в шумерских табличках этот процесс создания описан гораздо более подробно и с точки зрения древнейших учёных-генетиков. И мы таки являемся детьми богов, только богов разных, имеющих на нас, своих детей, определённые родительские права и, вполне возможно, присматривающих за нами и по сей день. Для нас же важно понять, что сущности (или души), вселяющиеся в людей разных рас, происходят из одного божественного источника или Бога с большой буквы. Именно об этом отце небесном говорил Исус Христос в портивовес отцу земному, который дал людям тело, или оболочку для духа. По открывшимся, ранее неизвестным рукописям, мы узнали, что раннее христианство было во многом гностическим и совершенно не подразумевало строительство материальной вселенской церкви - речь шла о спасении души через любовь, познание и критическое мышление, а значит - сохранение и исполнение божественного замысла великого творца вселенной.

■■■

---

[12] Anatole A. Klyosov. "Reconsideration of the "Out of Africa" Concept as Not Having Enough Proof". Advances in Anthropology. 2014. Vol.4, No.1, 18-37. The Academy of DNA Genealogy, Newton, USA.

Политические тоталитарные идеологии, как то: нацизм, коммунизм, социализм

Идеология становится опасной, когда отклонение от неё на индивидульном уровне влечёт за собой карательные меры государства. Идеологии могут отличаться между собой, но все они предполагают подчинение человека воле государства - фашизм. Фактически все они являются новыми псевдорелигиями, когда анализировать и обладать реальными, а не фрагментарными, знаниями разрешается только узкому кругу жрецов, приближённых к власти. Для остальных действует пропаганда и профанация. По сравнению с ранним христианством, новые идеологиии подразумевают обязательное образование для всех, но только в узких специализированных рамках. Так, например, техническое образование в СССР было на высоте, но в гуманитарной сфере существовал целый ряд запретов на исследования. Более того, официальным догматом коммунизма было утверждение, что Бога нет. В то же время древнего вида зиккурат на Красной площади с мумией нового царя продолжал действовать и был центральным местом проведения всех демонстраций и парадов. Жрецы оправдывают свои действия, опираясь на искуствено созданную идеологию, отклонение от которой влечёт за собой неотвратимое наказание.

Так при социализме перераспределение общественных благ происходит как бы во благо народа, однако распоряжаться продуктами труда всего общества обладают лишь приближённые ко власти люди, которые обычно направляют изъятые из оборота блага на укрепление государственной власти и рост бюрократического аппарата до тех пор, пока социализм сам себя не разлагает до точки невозврата.

Существует ошибочное мнение, что социализм и коммунизм - это феномены новейшей истории, а коммунизм придумал Карл Маркс. На самом же деле социализм, пусть вне осознанной теории, появлялся и исчезал много раз в истории человечества. Проходили через него и римляни, что выражалось в поднятии налогов, колапсе денежной экономики, введении крепостного права и регулировки цен в приказном порядке. В конечном итоге, в результате чрезмерного регулирования экономики древний Рим ослаб настолько, что был уничтожен атаками варваров, которым он успешно противостоял многие века. За доказательствами я отправляю читателя к книге Михаила Ростовцева "Общественная и экономическая история Римской империи"[13].

■■■

---

[13] Michael Rostovtzeff. "The Social and Economic History of Roman Empire" Oxford University Press, 1957.

Патриотизм

Совершенно необходимый лозунг для любого успешного политика во все времена. Патриотизм подразумевает привязку человека на подсознательном уровне к своей стране. Люди обычно привыкают к тому месту, где они родились и выросли, потому что с этими местами у них связаны самые тёплые воспоминания о лучших днях детства и юности. Поэтому патриотизм следует рассматривать именно как ещё одну ниточку, за которую можно дёргать запрограммированного человека и понукать его отдать имущество, жизнь, деньги, энергию на благо государства (богов).

Эту привязанность пропагандисты используют, незаметно перенося тёплые чувства человека на всю страну, призывая быть патриотами и заботиться о всей стране. Более того, непатриотизм - подвергается остракизму и чреват исключением из политической элиты, которая обслуживает интересы тех, у кого в руках находятся финансовые нити управления государством. Чем тоталитарней государство - тем сильнее остракизм и даже наказание.

Не случайно детей в советской школе заставляли произносить клятву пионера. Верность Родине выражалась в следующих словах: *"Я (Имя, Фамилия) вступая в ряды Всесоюзной Пионерской Организации имени Владимира Ильича Ленина, перед лицом своих товарищей торжественно обещаю: горячо любить свою Родину. Жить, учиться и бороться, как завещал великий Ленин, как учит Коммунистическая партия. .."*

У патриотов, как у любой религии есть свой "иконостас"

Главным "святым", на кого нужно было равняться был "вечно живой" мумифицированный Ленин. Трупы остальных менее важных "святых" замуровывали в кремлёвской стене.

■■■

Партийность

Гораздо менее эффективный, но тоже действенный способ разделения людей по "убеждениям"

В США - это республиканцы и демократы. В странах, имитирующих демократию, партии рождаются и умирают как грибы. В одной только России чуть ли не под каждого нового премьер-министра создавалсь своя партия власти. О ненужности партий как отжившего механизма контроля и источника коррупции будет упомянуто ниже в разделе о политических механизмах контроля. Сейчас же просто упомянем о партиях как об инструменте внесения в сознание людей очередных фантомных образов и создания впечатления занятости политической площадки, а также имитации некой идеологической и политической "борьбы".

■■■

Гендерность

Очередной инструмент внесения раздрая в социум, расчитанный, главным образом, на женщин, в силу своей меньшей физической силы в нашем суровом мире ощущающих неравенство полов. Глупо было бы отрицать неравенство, оно естественно, но сравнивать мужчин и женщин, на мой взгляд, просто некорректно. Мужчины, в силу определённых природных особенностей, традиционно занимают более высокое положение в социальной иерархии. Однако как далеко зашёл бы род человеческий без женщин и их роли в воспитании и выращивании детей, а также в поддержке семейного очага? Очевидно, что мужчины и женщины незаменимы в своих естественных природных амплуа. Сегодня, благодаря государственной политики продвижения женщин в обществе, многие представительницы слабого пола заняли серьёзные позиции в управлении корпораций и государства. Однако же большинство управленческих позиций принадлежит мужчинам по естественным причинам. Просто женщины добровольно чаще выбирают домашний очаг, чем карьеру, отнимающую всё свободное время. Дальнейшее регулирование законодательства и создание квот для женщин приведёт лишь к перекосу в механизмах функционирования организаций и государства. Повторюсь, сравнение мужчин и женщин подобно сравнению категорий несравнимых. Побробуйте сравнить цветы и деревья - у каждого своя незаменимая функция.

■ ■ ■

Корпоратизм

Ещё один сравнительно новый инструмент контроля за сознанием, когда на предприятии человеку промывают мозги про уникальность той или иной фирмы и о том, что человек должен гордиться своей компанией. К тому же, он должен работать на корпорацию день и ночь, чтобы добиться повышения. На память приходит песня группы Ленинград "Менеджер" и строчка из куплета: "Тебе повезло - ты не такой как все, ты работаешь в офисе-е"

Очередная замена истинных ценностей на ценности карьеры - главное, чтобы начальство тебя боготворило. Часто корпоративному работнику не хватает времени на собственную жизнь, детей и занятие творчеством. У карьеристов реально едет крыша, доходит до того, что новичкам такие корпоративисты внушают, что он должен любить финансы, если пришёл работать в финансовый отдел. По собственному опыту и опыту своих друзей знаю, что финансы любить невозможно. Это сухие огромнейшие таблицы, а их анализ днём и ночью просто высасывает из человека всю жизненную энергию. Но карьерист этого не замечает и с чувством превосходства смотрит на окружающих, ведь они не работают в такой же крутой компании как он сам.

■■■

Миф о необходимости иметь семью и детей

Платон мне друг, но истина дороже. Прошу прощения ортодоксов-консерваторов, но для полноты картины обязан включить и этот элемент идеологической и физической привязки человека. К сожалению, современный человек поставлен в такие условия, что создание полноценной семьи, а главное воспитание полноценно развитых детей становится уделом весьма небольшой части общества. В Америке, например, для этого нужно либо домашнее обучение, что позволить себе может не каждый, либо частные школы, либо школы в районах, где живут люди с достатком выше среднего. К сожалению, так устроена природа среднестатистического человека, что он вначале заводит детей, а потом начинает задумываться о том, как их содержать и не нужно ли было вначале хорошенько стать на ноги. Также к сожалению, в обычной семье родители не предупреждают своих чад о тех трудностях, с которыми им придётся столкнуться при появлении детей. Более того, чем ниже в социальной иерархии находятся люди, тем сильнее их даже подталкивают к размножению. Зачем это делается?

Дело в том, что старинный крестьянский уклад рассматривает детей семьи как свою личную собственность. Менее старшему в семье хочется поскорее избавиться от тяжёлого труда и выйти из подчинения более старших членов семьи. Каким путём? Пусть несознательно, но путём заведения себе детей-помощников-слуг и перекладыванием на них своих обязанностей по обработке земли, выпасу скота, ремонту дома, далее добавьте по вкусу. Типичная проблема в архаичных семьях - свекровь или тёща, которые строят младших членов семьи и учат их жить. Начав заводить своих детей, дети свекрови или тёщи просто попадают в прямую зависимость от бабушек, потому что оставить детей не на кого. Это капкан. Помогая молодым, свекрови и тёщи получают рычаг влияния и чувствут себя в праве наставлять и учить своих детей и внуков. Дети подрастают и есть кому работать на огороде или на даче, и все вынуждены кланяться в ножки бабушкам и дедушкам, потому что деваться не куда - детей же не бросишь. Гораздо честнее было бы объяснить молодым, что с детьми нужно подождать, пока у них не появится собственный дом и источник доходов, чтобы не зависеть от бабушек и дедушек, да и вообще ни от кого. Но находясь в плену архаичных представлений об устройстве семьи, люди попадают в замкнутый круг, откуда выхода нет. Многие девушки выскакивают замуж и заводят детей, горя одним желанием – поскорее избавиться отопеки отца, матери или их обоих.После рождения детей приходится отдавать им все свои силы и энергию. Результат - мучения, скандалы, ссоры. Многие не выдерживают. В добавок ко всем несчастьям, человек, имеющий детей и не обладающий независимостью, попадает в рабство к различным работодателям, корпорациям, родовым общинам, что делает его вдвойне зависимым.

Сексуальная ориентация

Ещё один инструмент разделения общества, который не играет никакой роли в становлении благосостояния и независимости людей. Управленцы во многих странах используют тему нетрадиционной сексуальной ориентации для отвлечения внимания от реальных насущных проблем. На самом же деле проблема яйца выеденного не стоит. Государство просто не имеет права вмешиваться в личную жизнь граждан, в то же время оно обязано защитить права меньшинств. В реальной жизни группы традиционной и нетрадиционной сексуальной ориентации практически не пересекаются и стараются обходить друг друга стороной во избежание конфликтных ситуаций. Тем не менее, для отвлечения внимания пропаганда периодически подыгрывает радикалам как с одной, так и с другой стороны в зависимости от ситуации.

Необходимо отметить, что пропагандой или запретом нетрадиционных отношений занимались ещё политики и философы древности с целью ограничить или поощрить рождаемость. Из "Политики" Аристотеля[14] мы узнаём, что существовали конституции, которые закрепляли в общественную собственность детей и жён, что предлагал и Платон. А вот критские законодатели поощряли сексуальные отношения между мужчинами, а также разделение мужчин и женщин для контроля рождаемости. Кстати, Захария Ситчин упоминает об одном боге, который сумел избежать участи ядерного холокоста Содомы и Гомора, скрывшись на одном из островов Средиземного моря. Так что вполне возможно, что он и сочинял интересные и смелые "прогрессивные" конституции.

Современный западный тренд - ограничение рождаемости, поощрение развития образования и мышления, что при наличии маленьких детей в семье является архисложной задачей. На Востоке, за исключением Китая, традиционалистские общества предполагают многодетные семьи и малообразованных граждан, зависящих от хоть какой-либо работы и государства, поэтому их пропаганда всячески клеймит "разложившиеся ценности Запада".

■■■

---

[14] Aristotle. "The politics" Penguin books, London, England 1962

Заключение второй части. Санкхья и стоицизм как сывортка против отключки мозга

Как видим, способов разделения людей по тем или иным признакам, реальным или надуманным, существует огромное множество. Все мы с детства пропитаны различными мифами и ложными установками, позволяющими держать основную массу людей в зависимости от государства и манипулировать нами.

Различные религии и философские учения скорее вводят людей в ещё большее заблуждение. Избавиться от зависимости, а значит - от страданий, можно лишь чётко осознав триединство человека (тело, дух и разум), узнав правду о происхождении людей, совсем до недавнего времени бывшую погребённой под слоями песка Сирии и Месопотамии, а также узнав основные методы манипуляции и стравливания людей, как идеологические, так и реальные политические.

Майкл Теллингер даёт нам позитивную развязку в своей книге "Рабское человечество для богов": хотя в людских генах заложена тяга к знаниям и просветлению сознания, которая блокируется навязанными шаблонами и стереотипами, преодоление блокировки ведёт к превращению человека в просветлённое существо. Развивая мозги и сознание, человек активирует так называемые "мёртвые" звенья своего генома и мозга. Ему вторит Вильям Брамли, называя наиболее правильным учением из известных религий для просветления сознания - Санкхья. Санкхья учит, что освобождение души из плена материи происходит через знания. Нирвана - это не состояния вечного кайфа и отрешённости от реальности, а состояние чёткого чувства самоидентификации, чувства существования и способности чётко воспринимать физическую вселенную.

Чрезвычайно позитивным учением был стоицизм, учивший логически и отстранённо мыслить, медитировать и таким образом освобождать себя от страданий путём познания глубинной сути вещей и понятия законов вселенной. Фактически мы имеем дело с мыслительными процессами анализа и синтеза - первым признаком разумного существа. Это именно то, что отличает человека и богов от животных. Человек может разложить мелодию на ноты и таким образом передать её другим поколениям. Человек может разложить любую материю на химические элементы и таким образом производить манипуляции и химические реакции-превращения. В то же время человек способен просто наслаждаться мелодией, отключив процесс мышления.

Так Марк Аврелий в своих "Размышлениях" пишет: "Составь для себя определение и описание вещи, которую тебе подарили, как будто хочешь увидеть её изнутри, голой, как она есть; и назови её настоящим именем, назови вещи, из которых она составлена и будет разложена. Ведь ничто так не возвышает ум, как возможность методически и дотошно исследовать, каждый предмет, подаренный тебе в жизни. И смотря на вещи, всегда видеть, что это за мир, какую роль они играют и какую ценность имеет часть по отношению к целостности." Важнейшим компонентом учения стоиков был их пантеизм и признание вселенной как истинного бога, наделённого мудростью, законами и рациональностью.

В контексте моих рассуждений, можно сделать предположение, что запретом на познание добра и зла первому человеку был как раз запрет на критическое мышление, на способность анализировать (то есть раскладывать целое на части) и синтезировать (то есть скдадывать различные части пазла в одиное целое). Задача религий всегда состояла именно в ограничении возможности человека спокойно подвергать всё анализу. Задействовав такое стоическое мышление с помощью Энки, учёного биолога, создателя человека, обозванного религиозной пропагандой Змием, Адам мог стать одним из богов, учитывая, что жил он 930 лет. Времени на изучение наук у него было бы предостаточно. Вполне возможно, что поэтому он и был выгнан из Эдема, а символом учёногогенетика Энки до сих пор являются две переплетённые змеи с крыльями над головой. Змеи вполне закономерно напоминают двойную спираль ДНК, а крылья - летательные возможности бога. С тех пор процесс познания и наука являются грехом в глазах "бога"

Совершенно не случайно христиане уничтожили на государственном уровне все языческие научные школы.

Возвращаясь к доктору Ротбарду - необходима свобода критического мышления, новый массовый ренессанс. Когда человек воспринимает реальность критически, а не по навязанным шаблонам, тогда наступает ясность и очевидность несовершенства политического и социального устройства устаревшего миропорядка, необходимость которого становится всё труднее навязывать пробуждающимся людям.

О методах политического контроля и их преодолении пойдёт речь в следующей главе.

Итак, некоторые боги позволили определённой продвинутой части людей в Америке, по настоятельным просьбам прогрессивной (масонской) общественности, начать эксперимент по ослаблению вертикали власти над частью человечества и, в случае локального успеха, попробовать распространить удачный эксперимент на другие части планеты. Для острастки и оберега от посягательств других богов, на официальной печати США над усечённой пирамидой было изображено всевидящее око. Для сравнения, представьте себе табличку "стажёр" на стекле автомобиля, которая даёт чёткий сигнал всем участникам дорожного движения (остальным богам), что идёт процесс обучения ученика мастером. По мере освоения навыков вождения ученику предоставляется бОльшая свобода выбора направления и скорости движения. Ученик - это новая обучаемая элита, часто невидимая невооружённым взглядом обывателя. Хотя стажёру и позволяется управлять транспортом, мастер, сидящий рядом имеет под рукой механизмы контроля и педали экстренного торможения авто. Вот эти механизмы мы и рассмотрим в данной главе.

О процессе образования государства и первоначальных законах, дарованных людям через богов и их сыновей - царей, героев и полубогов, достаточно подробно написал Захария Ситчин в своих книгах. Символы власти в руках царей, скипетр и держава, ведут своё начало с самых древних времён. Отношение к людям как к своим рабам также можно объяснить происхождением людей, а именно - искусственное выведение человека в результате многочисленных генетических экспериментов, что сегодня уже можно считать доказанным. Официально рабство и крепостное право было отменено по историческим меркам совсем недавно. А до того, на протяжении всей истории человечества, люди использовались по своему прямому назначению - как рабочая сила. Именно для этой основной цели, а также для своих утех, боги и создали людей. Позже, людей разделили на касты те, кто имел доступ к богам - жрецы. Разделение властей на исполнительную и законодательную произошло также довольно поздно. Боги довольно жёстко рулили на земле. Любили ли они людей? Некоторые даже очень сильно. Посылали ли людей на верную смерть? Несомненно. Примерно как сегодня человек использует дельфинов и собак в военных целях. Любим ли мы своих питомцев? Конечно. Пожертвуем ли мы ими, случись нам выбирать между жизнью собаки и своего собственного ребёнка? Думаю, что ответ очевиден.

Очевидно также, что в определённый исторический промежуток времени боги перестали напрямую вмешиваться в дела людей и занялись каими-то более интересными для них вещами. Зиккураты и храмы остались стоять лишь как памятники архитектуры древних, построенных по проектам богов для них же любимых. Многочисленные письменные источники и фрески свидетельствуют о громадных жертвоприношениях. На жертвенный алтарь приносились в основном животные, хотя иногда требовались и человеческие жертвы. Алтарь обычно размещался перед входом в храм, а в самих храмах жили или останавливались на отдых боги. Простых же людей вообще не пускали в дома богов. В этом свете полной профанацией являются современные христианские храмы, куда ходят люди, а к алтарю пускают только жрецов. Это имел в виду Исус Христос, когда говорил, что никто не вливает молодого вина в мехи ветхие. Не о богах он учил, а о Боге - творце всего мира. В победившей же версии христианства старые формы попытались наполнить новым содержанием - получилась адская смесь ежа с ужом. Старые боги временно победили.

Тем не менее, тяга человечества к познанию открывала новые горизонты. Загнать людей стальной рукой в рай - оказалось задачей весьма трудной. Как следствие ренессанса и деятельности вольнодумцев, типа Вольтера, в интеллектуальных кругах стали циркулировать опасные для богов идеи: Монтескье - о разделении властей, Томаса Гоббса и Жана-Жака Руссо - об общественном договоре, Джона Локка - о естественных правах, данных людям Богом, а не правителями. В результате по Еропе прокатилась волна буржуазных, а после и демократических революций. Люди требовали большей свободы и доступа к знаниям. Головы монархов, упорствующих в сохранении древнеегипетских и древнешумерских порядков, посыпались одна за другой. Выскажу точку зрения, что именно под давлением революций и возможного надвигающегося хаоса, боги вынуждены были пойти на послабление вертикали власти и подпустить к ней более широкий круг людей. Сделано это было не везде. В качестве эксперимента была выбрана Северная Америка, подальше от глаз публики для того, чтобы зародыш спокойно развился и окреп.

Какие же политичесские инновации были внедрены? Что касается разделения властей и выборов, то это по сути возрождение древних античных традиций республики. А вот отделение церкви от государства и декларация прав человека - это реальное достижение отцов основателей и первый этап сброса самых мощных идеологических и материальных оков. Рассмотрим по порядку, какие механизмы были внедрены, а какие оставлены для того, что не потерять нити управления государством. А также, какие нужно ввести для того, чтобы просыпающиеся духовно и политически люди смогли реализовать себя в социуме.

■■■

Часть III. Политические механизмы контроля
Контроль политический

Итак, некоторые боги позволили определённой продвинутой части людей в Америке, по настоятельным просьбам прогрессивной (масонской) общественности, начать эксперимент по ослаблению вертикали власти над частью человечества и, в случае локального успеха, попробовать распространить удачный эксперимент на другие части планеты. Для острастки и оберега от посягательств других богов, на официальной печати США над усечённой пирамидой было изображено всевидящее око. Для сравнения, представьте себе табличку "стажёр" на стекле автомобиля, которая даёт чёткий сигнал всем участникам дорожного движения (остальным богам), что идёт процесс обучения ученика мастером. По мере освоения навыков вождения ученику предоставляется бОльшая свобода выбора направления и скорости движения. Ученик - это новая обучаемая элита, часто невидимая невооружённым взглядом обывателя. Хотя стажёру и позволяется управлять транспортом, мастер, сидящий рядом имеет под рукой механизмы контроля и педали экстренного торможения авто. Вот эти механизмы мы и рассмотрим в данной главе.

О процессе образования государства и первоначальных законах, дарованных людям через богов и их сыновей - царей, героев и полубогов, достаточно подробно написал Захария Ситчин в своих книгах. Символы власти в руках царей, скипетр и держава, ведут своё начало с самых древних времён. Отношение к людям как к своим рабам также можно объяснить происхождением людей, а именно - искусственное выведение человека в результате многочисленных генетических экспериментов, что сегодня уже можно считать доказанным. Официально рабство и крепостное право было отменено по историческим меркам совсем недавно. А до того, на протяжении всей истории человечества, люди использовались по своему прямому назначению - как рабочая сила. Именно для этой основной цели, а также для своих утех, боги и создали людей. Позже, людей разделили на касты те, кто имел доступ к богам - жрецы. Разделение властей на исполнительную и законодательную произошло также довольно поздно. Боги довольно жёстко рулили на земле. Любили ли они людей? Некоторые даже очень сильно. Посылали ли людей на верную смерть? Несомненно. Примерно как сегодня человек использует дельфинов и собак в военных целях. Любим ли мы своих питомцев? Конечно. Пожертвуем ли мы ими, случись нам выбирать между жизнью собаки и своего собственного ребёнка? Думаю, что ответ очевиден.

Очевидно также, что в определённый исторический промежуток времени боги перестали напрямую вмешиваться в дела людей и занялись каими-то более интересными для них вещами. Зиккураты и храмы остались стоять лишь как памятники архитектуры древних, построенных по проектам богов для них же любимых. Многочисленные письменные источники и фрески свидетельствуют о громадных жертвоприношениях. На жертвенный алтарь приносились в основном животные, хотя иногда требовались и человеческие жертвы. Алтарь обычно размещался перед входом в храм, а в самих храмах жили или останавливались на отдых боги. Простых же людей вообще не пускали в дома богов. В этом свете полной профанацией являются современные христианские храмы, куда ходят люди, а к алтарю пускают только жрецов. Это имел в виду Исус Христос, когда говорил, что никто не вливает молодого вина в мехи ветхие. Не о богах он учил, а о Боге - творце всего мира. В победившей же версии христианства старые формы попытались наполнить новым содержанием - получилась адская смесь ежа с ужом. Старые боги временно победили.

Тем не менее, тяга человечества к познанию открывала новые горизонты. Загнать людей стальной рукой в рай - оказалось задачей весьма трудной. Как следствие ренессанса и деятельности вольнодумцев, типа Вольтера, в интеллектуальных кругах стали циркулировать опасные для богов идеи: Монтескье - о разделении властей, Томаса Гоббса и Жана-Жака Руссо - об общественном договоре, Джона Локка - о естественных правах, данных людям Богом, а не правителями. В результате по Еропе прокатилась волна буржуазных, а после и демократических революций. Люди требовали большей свободы и доступа к знаниям. Головы монархов, упорствующих в сохранении древнеегипетских и древнешумерских порядков, посыпались одна за другой. Выскажу точку зрения, что именно под давлением революций и возможного надвигающегося хаоса, боги вынуждены были пойти на послабление вертикали власти и подпустить к ней более широкий круг людей. Сделано это было не везде. В качестве эксперимента была выбрана Северная Америка, подальше от глаз публики для того, чтобы зародыш спокойно развился и окреп.

Какие же политичесские инновации были внедрены? Что касается разделения властей и выборов, то это по сути возрождение древних античных традиций республики. А вот отделение церкви от государства и декларация прав человека - это реальное достижение отцов основателей и первый этап сброса самых мощных идеологических и материальных оков. Рассмотрим по порядку, какие механизмы были внедрены, а какие оставлены для того, что не потерять нити управления государством. А также, какие нужно ввести для того, чтобы просыпающиеся духовно и политически люди смогли реализовать себя в социуме.

∎∎∎

Гражданин - значит участник политики

С одной стороны уничтожение кастовости и сословий стало большим прогрессом. С другой - дарование всем без исключения гражданства и возможности голосовать изначально несло в себе угрозу подкупа голосов и коррупции в избирательных технологиях и во власти как следствие. В период расцвета древних демократий и республик дело обстояло несколько иначе. В своей книге "Политика" Аристотель описывает гражданина как участника в жизни гражданского общества. Если человек не принимает участия в выборах, не выносит свою кандидатуру в различные общественные и государственные организации - то он не может иметь права гражданина. Гражданин - равно участник. Аристотель также критикует раздачу гражданства всем подряд. Сегодняшние американские законы обязуют всех граждан участвовать в заседаниях суда присяжных. Однако, одной такой повинности, на мой взгляд, недостаточно. Право избирать и быть избранным необходимо заслужить активной гражданской позицией, службой в армии и определённым образовательным и возрастным цензом. Человек, который не хочет участвовать в общественно-политической жизни, не должен иметь возможности голосовать или избираться в органы власти. Здесь я полностью согласен с Аристотелем. Такие аполитичные люди удобряют почву для коррупции во власти и так называемого подкупа избирателей.

■■■

Привелегии - не по рождению

Другой важный момент - гражданство не может наследоваться, если рассматривать гражданство как превилегию. Маккиавели в книге "Рассуждения на первую декаду Тита Ливия" очень подробно рассказывает о вреде передачи привелегий по наследству. Это было одной из причин упадка Рима. Все гражданские права нужно заслужить. Только такой подход даёт обществу свежие силы и создаёт здоровую конкуренцию. Любая кастовость и сословность тормозит развитие общества и приводит к торговле привелегиями, что разлагает общество.

На мой взгляд, всеобщее избирательное право и гражданство по рождению - это бросание из одного экстрима в другой, что вобщем-то свойственно новичкам. Ублажение избирателей, которым многое безразлично, приводит к перекосам в социальной политике и прямо ведёт к социалистическому государству. Представьте себе хоккейный матч, где право забрасывать шайбу имеют как игроки, так и зрители. Очевидно, что такое нововведение повляет в худшую сторону на уровень игры профессионалов, которые занимаются спортом каждый день и регулярно. Зрителям можно посоветовать начать профессиональные тренировки и лишь после этого пробовать себя в соревнованиях.

■■■

Голосование не закрытое, но открытое

Следующая важнейшая уловка управляющих, ставшая причиной множества политических скандалов - закрытое голосование вместо открытого. В древних республиках люди голосовали открыто, чтобы исключить любую возможность подтасовки, выражая одобрение, например, криком или поднятием шапок. Необходимость тайного голосования современные управляющие оправдывают боязнью мести. Возможно, что во время введения закрытого голосования в политическую практику и существовали грозные нравы. Сегодня же, благодаря развитию информационных технологий, возможно полностью убрать зависимость процесса голосования от бюллетеней. Следующим шагом в распространении свободы должны будут стать электронные голосования открытым путём. Примерно так же как вы можете сегодня проголосовать за ту или иную петицию на сайте Белого дома, просто зарегистрировавшись на сайте. Если заранее подсчитать количество зарегистрированных участников и сравнить введённые данные с данными о гражданах в муниципалитете, то случаи махинаций можно свести к минимуму. В добавок, можно ввести юридическую ответственность за голосование за другого человека. Выборочная проверка вскроет подделки. Открытое голосование сведёт возможность подтасовки результатов выборов к минимальной величине.

■■■

Срок полномочий и отзыв полномочий

Сегодняшние сроки занятия выборных должностей достаточно большие - в основном 4-6 лет. Процедура отзыва достаточно громоздкая. С упрощением процедуры голосования и механизмов отзыва срок действий полномочий было бы целесообразно сократить до одного-двух лет. Более того, гражданин не должен иметь возможность избираться более, чем два раза подряд, чтобы обеспечить ротацию кадров и не давать возможности коррупции и кумовству пустить корни. Это должно помочь прозрачности власти и полному контролю за ней со стороны граждан, что несомненно перетягивает канат свободы от богов к людям.

■■■

Процесс выборов

Не секрет, что для избрания на должность кандидат должен иметь успешную политическую карьеру, где он проходит отбор на управляемость со стороны управляющих. Кроме презентабельного вида необходимо иметь также много денег и связи. С одной стороны, политическая система приобретает устойчивость и происходит отсеивание проходимцев, а с другой стороны, такая устойчивость может легко перерасти в полную стагнацию и политическое болото, где нет места новым креативным личностям. Для уравнивания возможностей депутатов им должен быть предоставлен равный бесплатный доступ к СМИ:

1) место на официальном государственном сайте административно-территориальной единицы, от которой он избирается;

2) время выступления на государственном или муниципальном радио;

3) время выступления на государственном или муниципальном телевидении;

4) колонка в государственной или муниципальной газете;

Время выступления на государственном или муниципальном радио, по телевидению - распределяется равномерно между всеми кандидатами. Колонки в государственной газете и на государственном официальном сайте также распределяются равномерно. Нарушение принципа равного доступа к государственным СМИ должно караться по закону.

Предвыборные дебаты должны быть обязательными для всех кандидатов. Кандидат не имеет права уклониться от дебатов и обязан участвовать в них лично. В случае отказа от дебатов – кандидат автоматически снимается с предвыборной гонки. Местное муниципальное (государственное) телевидение и радио обязаны транслировать дебаты в прямом эфире в самое удобное для народа время, следя за равномерным распределением эфирного времени среди всех кандидатов. Следует отметить, что участие в дебатах – важный элемент народовластия, который прививает гражданам чувство причастности к происходящим политическим событиям и вовлекает их в процесс самоуправления, развивая чувство гражданского долга и ответственности. Таким образом, даже не имеющий больших средств кандидат в депутаты имеет возможность донести свою позицию до народа. Предоставление места на всегда функционирующем государственном (муниципальном) ТВ, радио, газете, сайте не несёт никаких дополнительных расходов для казны. Все пожертвования депутату отражаются на его официальной интернет-страничке на официальном муниципальном (государственном) сайте с указанием источника пожертвования. Каждый гражданин, жертвующий в пользу предвыборной кампании, обязан указать, в следующей за выборами период декларации о доходах, сумму пожертвования. В случае расхождения данных о сумме пожертвования, снятых с государственного предвыборного сайта, и данных декларации о доходах, гражданин или фирма наказывается штрафом на сумму пожертвования.

Президенство

С введением института президенства королю была оставлена исполнительная власть, просто его сделали избираемым всеми гражданами. Формально институт Президенства (исполнительная власть) служит балансом для двух других ветвей власти (судебной и законодательной). На самом же деле Президенство - это атавизм истории, который может в любой момент стать инструментом узурпации власти и контроля над обществом, дублирующий по сути законно избранную представительную власть. Яркие примеры такой узурпации - украинский президент Янукович, египетский президент Мубарак, российский президент Путин и т.д. Алексис де Токвиль в своей книге "Демократия в Америке"[15] в главе об исполнительной власти писал, что президент США имеет почти королевские исключительные права, которые он не имеет возможности употребить. "Законы позволяют ему быть сильным, но обстоятельства держат его слабым", - закончил он самую маленькую, но едва ли ни единственную полезную с точки зрения управленческого анализа и менеджмента главу.

Чем обосновывалось введение института президенства в США? Официально - учреждением исполнительной ветви власти в противовес законодательной и судебной. Неофициально - место короля в отформатированном сознании большинства жителей Америки должен был кто-то занять, чтобы иметь над ними власть и осуществлять управление территорией. Можно ли сказать, что следы матрицы королевской государственности повлияли на такое решение? Думаю, что да. С какой бы ненавистью не относились создатели американского государства к английскому королю, но выбить в одночасье веру в доброго монарха - очень тяжело, если и невозможно в принципе.

Ситуацию усугубило военное время и отсутствие полноценного парламента, который мог бы избрать из своих рядов верховного главнокомандующего. Колонии только что свергли наместников английского короля и нуждались в верховном главнокомандующем войсками, так как король мог в любой момент послать карательную экспедицию. В случае успеха и поимки государственных изменников (а все отцы-основатели были по сути "предателями" английской вертикали), их ждала обыкновенная виселица. Никто не хотел умирать. Это была одна из причин, по которой за Верховным главнокомандующим оставили и закрепили роль исполнительной власти. Тем более, что человек, которого избрали президентом (Джордж Вашингтон), обладал серьёзным авторитетом. Замена справедливому монарху была найдена идеальная - теперь это был боевой товарищ Джордж Вашингтон, с которым прошли сквозь невзгоды. Именно эти военные пертрубации и содали почву для последовавшей в следующем веке войны севера и юга. По сути, Линкольн воспользовался оставленной ему лазейкой для нападения на южан. Формально, президент один для всех бывших колоний. Чья кандидатура наверху, тот и имеет преимущество. Линкольн был северянином. Остальное вы знаете.

---

[15] **Alexis de Tocqueville. "Democracy in America" Mentor, Penguin Books USA Inc.**

Дилема стояла следующая. С одной стороны, оставить народ на местах само-управляться - означало возможное сползание страны в хаос или просто распад. С другой стороны, закрепление в Конституции института Президенства, избирае-мого всем народом, а не представителями конфедераций, заложило бомбу замед-ленного действия для узурпации власти. В этом смысле война севера против юга в 19 века и сегодняшнее укрепление позиций президента - были предопределены в конце 18-го столетия. Рискну предположить, что для того, чтобы избежать такого сценария, представителям колоний нужно было сделать оговорку в приложении к конституции, гласившую бы, что президент избирается лишь до окончания во-енных действий и формирования полноценного конгресса-парламента. А с на-чалом мирного времени парламент избирает из своих рядов премьер-министра и министров исполнительной власти простым большинством голосов с правом их отзыва и постоянного контроля, включая и министра обороны. Опять же, Амери-ке повезло с довольно мягкой трактовкой конституцией президенства, ведь не-безызвестный сторонник централизации власти Александр Гамильтон призывал наделить президента абсолютным правом вето и фактически хотел превратить его в избираемого монарха.

На мой взгляд, здесь существует очень нелогичное и хитрое противоречие. Союзный договор подписывают представители отдельных республик, которых избирают местные граждане, а президента всей страны - избирают как бы все люди всех штатов. Гораздо логичнее было бы не вливать новое вино в старые ко-ролевские меха, а дать возможность парламенту избирать премьер-министра с возможностью выражения ему вотума недоверия и посылания в отставку. Ведь народ уже сделал свой выбор, избрав народных представителей в парламент. За-чем проводить ещё одни всенародные выборы, на этот раз - президентские? Сле-дуя такой ошибочной логике, можно избирать главу каждого уровня власти все-народно. Тогда выборы будут идти круглый год, избирательные кампании тоже, а профанация и страсть заполучить голоса каждой группы избирателей воплотят-ся в популизм невероятных масштабов.

Чтобы баллотироваться на должность президента нужно пройти жесто-чайший отбор в политической партии или иметь огромное количество денег. То есть кандидаты проходят серьёзное сито и смотрины. Народу предоставляют уже "безопасных" для исполнительной вертикали власти кандидатов. Исключением в последнее время был разве что Рон Пол, которого клевали направо и налево официальные сми и называли его "опасным", или просто игнорировали и под-вергали остракизму. Таким образом, выбирать народу предоставляют из уже перебранного и отсортированного безопасного для бюрократии материала. Для чего же проводятся всенародные выборы президента, если все основные решения может принимать конгресс или премьер-министр? Ни для чего иного как легити-мизации в глазах людей огромной государственной бюрократической машины, обслуживающей интересы в первую очередь гигантских корпораций. Это просто оправдание существования госмашины и ничего более. Если народ возмущается, ему говорят: "Ну вы же сами выбрали этого человека. Это же ваше правительство"

Вот только отозвать президента может лишь парламент. Улавливате нестыковку? Выбирает президента весь народ, а выражает импичмент парламент. Пусть бы и выбирал его парламент в таком случае. Но в том то и фокус, чтобы люди сами себе взгромоздили на шею мегаправительство, дабы исключить потом претензии к кому либо.

Последние события в Украине показали всю абсурдность ситуации с институтом президенства и шаблонность мышления не только политиков, но и народа. После того, как в феврале 2014 года мафиозный президент Янукович бежал из страны, однопалатный парламент, как единственный легитимный орган власти, взял на себя ответственность за судьбу страны и принял ряд законов, которые позволили стране не развалиться и не пасть жертвой агрессии со стороны России, которая сразу же оттяпала себе кусок украинской территории - полуостров Крым, воспользовавшись временным хаосом в Украине. Парламентарии, привыкшие действовать по спущенным когда-то шаблонам, мгновенно избрали исполняющего обязанности президента и посадили его на место спикера однопалатного парламента - Рады. При всё при том, премьер-министр Украины Яценюк довольно успешно командовал кабинетом министров в то же самое время. Исполняющий обязанности президента страны Александр Турчинов работал всё это время в здании парламента в кресле спикера. Народ под окнами парламента очень эффективно оказывал отрезвляющий эффект на политиков и те довольно резво начали принимать великолепные законы, направленные на слом монополий, коррупции во власти и облегчения ведения бизнеса. Я бы назвал этот период действия Рады самым эффективным в новейшей истории - с февраля по июнь 2014 года. Украина явила пример прямой демократии всему миру. Тем не менее, люди с огромным энтузиазмом ждали даты 25 мая 2014 года как какого-то переломного момента. В этот день в Украине успешно прошли выборы нового президента, не смотря на попытки России сорвать их. Ожидания и надежды людей нельзя объяснить иначе как некий стереотип в головах. Вот ведь должен же быть верховный правитель! Шаблон царя в голове устранить очень трудно. Была бы Украина парламентской республикой, все претензии можно было бы предъявить кабинету министров и конкретно парламенту. Впечатление было такое, что если бы выборы президента сорвались, то Украина как государство погибло бы. Погибло бы в головах людей, а значит и в реальности. Вот нужен в головах "царь" и всё тут, хотя и с ограниченными полномочиями, чтобы люди чувствовали себя спокойно. В данном случае в мозгах людей президент - это хозяин страны. Страна без хозяина - как скотинка без пастуха. На самом же деле, практика Украины в переходный период показала, что с точки зрения эффективности принятия нужных для страны законов, должность президента оказалась совершенно лишней. Радует, что в проекте новой конституции Украины, направленного на согласование в венецианскую комиссию, полномочия президента значительно уменьшены, а значит и уменьшены шансы узурпации власти. Процесс изменения сознания происходит дискретно и постепенно.

Остальные органы исполнительной власти

Вряд ли сегодня возможно устранение исполнительных высших органов государственной власти, однако для полноты модели регулирования свободы нужно отметить такую опцию. Теоретически объём свободы становится больше при устранении государственных контролирующих исполнительных органов. Вероятно, это опция отдалённого будущего, когда американский эксперимент частичной передачи власти людям пройдёт во всех странах мира.

Говоря же о балансе власти между выборными должностями и назначаемыми, то перевес явно на стороне назначенцев. Государство контролирует все министерства (агенства). Что касается локального уровня, то например, начальник полиции города в США назначается городскими властями, а выборному шерифу отводятся вспомогательные и наблюдательные функции. Можно ли избирать начальника полиции? Теоретически да, но должны это делать в таком случае активные граждане в аристотелевском смысле этого слова. К сожалению, система всеобщего избирательного права предполагает, что большинство населения относится к политический жизни своего города индифферентно, а потому просто делегирует свои полномочия по выбору глав судов и полиции муниципалитетам, которые их назначают. Поэтому, чтобы иметь возможность эффективно избирать своих представителей во все органы власти, нужно пойти против всеобщего избирательного права, что в сегодняшнем массовом отформатированном сознании большинства - дело немыслимое. Но иначе подкуп голосов неизбежен. С другой стороны, чем больше времени массы остаются безучастными к политике, тем легче ими становится манипулировать. Впрочем, пока что Билль о правах сдерживает государство от поглощения индивидуальных свобод.

Что касается избрания верховных судей штатов, то в разных штатах оно проходит по разному: через партии, беспартийных, или просто партийные комиссии помогают губернатору назначить судей[16]. Все способы грешат сильнейшей борьбой инересов разных групп и партий.

Абсолютный минимум свобод - в тоталитарной стране. Абсолютный максимум - при анархии, когда функции исполнительной власти берут на себя сами граждане, сокращая до минимума все институты власти. Примером анархии может служить казачья вольница, где все вопросы жизни решает простой казачий круг. Отрицательным моментом анархии является отсутствие промышленного производства. Всё необходимое оружие казаки закупали на стороне или добывали в бою. Любая промышленность предполагает наличие иерархии финансистов, управляющих и наёмного люда. Получается, что для того, чтобы поддерживать современный образ жизни институты власти необходимы и избавиться от них никак нельзя? На современном этапе развития - наверно нельзя, однако минимизировать госмашину вполне даже можно. Доктор Мюрэй Н. Ротбард в своей работе "Анатомия государства" предлагал создание независимых от государства центров интеллектуальных исследова-

---

[16] http://www.justiceatstake.org/issues/state_court_issues/election-vs-appointment/

ний и образования. Ссылаясь на Кристофера Досана, Ротбард приводит в пример великих интеллектуальных движений эпох ренессанса и возрождения, которые появились вне стен идеологически закостенелых университетов.

Добавлю также, что распространение информационных технологий и их всё большая доступность делает теперь возможным и домашнее обучение детей с помощью интернет программ и видео курсов, расширяя таким образом территорию критического свободного мышления, а значит и объём свободы в окружающем нас пространстве.

Как только человек начинает серьёзно задумываться о механизмах действия государственной власти и осознание висящей над тобой гигантского левиафана государственной машины проникает в мозг, человек внезапно начинает понимать всю хрупкость своих свобод. Многим становится страшно. Большинство людей поэтому предпочитают жить в отформатированном информационном пространстве господствующих мифов. Легче жить в сказке, чем осознавать реальность происходящего вокруг. Именно поэтому большинство любит мультики, сказки и кинофильмы, которые уносят тебя от реальности. Впрочем, это не самый худший вариант прятания головы в песок. Некоторые предпочитают наркотики и алкоголь, что приводит к страшным последствиям разрушения личности. Именно поэтому киноиндустрия всегда является востребованной. Не многие решаются на противостояние системе. Наша земная природа требует слияния с ней и тянет к парку, морю, огороду, сказкам. Наше божественное происхождение не даёт покою мозгу и тянет ввысь, к исследованиям и открытиям. Найти баланс свободы - сложнейшая задача индивидуума, решаемая каждым самостоятельно.

■■■

Постоянный аудит власти

Для минимизации негативных последствий функционирования госаппарата, олицетворяющего душителя свободы, необходим его перманентный аудит и контроль со стороны граждан, что в современных условиях представляется достижимым условием. Более того, отсутствие постоянного аудита членов правительства и парламента любого уровня вызывает недоумение. Деятельность любой корпорации периодически подвергается проверкам аудиторов, почему же некоторые чиновники до сих пор извлекают прибыли из своих должностей? Интересный пример жёсткого контроля за действиями чиновников на фоне экскурса в историю Венецианской республики (1697-1797) даёт Роджер Кроули в своей книге "Город Фортуны" [17]. Так представители республики подвергались ротации каждые два года, были ограничены в количестве лошадей (машин сегодня) и слуг (клерков сегодня), не имели права заниматься никакой коммерческой деятельностью, получать никакие подарки или услуги и ежегодно писали подробнейший отчёт о всех операциях и действиях своему герцогу. За соблюдением правил следили аудиторы-инквизиторы, которые имели неограниченные полномочия: они могли появляться в любое время в любом месте и начинать проверку или требовать отчёта. За неподчинение требованиям инквизиторов можно было схлопотать насильную доставку в Венецию в суд из любой точки империи. Доскональность отчётности чиновников была настолько сильной, что к кончине империи длина полок с архивами отчётов достигла в длину 45 миль (72,4 километров). Иммунитетом от проверок не обладал никто. Самим аудиторам-инквизиторам также запрещалось торговать, получать подарки. Обычно их посылали на задания в группах по три человека. Искушённые венецианские законодатели даже запрещали им спать вместе. Чиновникам также запрещалось торговать, продавать общественную собственность, нанимать на работу членов семьи и т. д.. Таким образом, институт аудиторов позволил республике продержаться тысячу сто лет.

Роль общественных аудиторов невозможно переоценить. Они могли бы избираться гражданами во время выборов шерифа или городского главы, например. Количество аудиторов каждый город и штат может определить сам. Также они должны подвергаться ротации и смене каждые 12 месяцев. Минимальные требования – знание и опыт работы в бухгалтерии (на уровне села, малого города), знание международных законов аудита и опыт работы в аудиторской компании (на уровне средних и крупных городов, а также области и страны), а также минимальные законченные курсы юриспруденции. Принципы аудита должны применяться к работе чиновников. Это позволит избежать коррупции и взяточничества на государственном уровне. Например, известный принцип аудита "Конфликт интересов" применяется на уровне коммерческих структур, но по отношению к правительствам, сложившаяся сегодня закостенелая система управления и бюрократии во всём

---

[17] Roger Crowley. "City of fortune: how Venice ruled the seas" Random House, New York 2012.

мире, данный принцип не применяет. В результате, конгрессмен, приложивший руку к поправкам к закону, дающему льготы, скажем, фармацевтическим компаниям, после работы в Конгрессе спокойно устраивается на лакомую должность в совет директоров той же самой фармацевтической фирмы, интересы которой лоббировал год назад. Такой чиновник или депутат должен подвергнуться пристальному вниманию и расследованию в назидание остальным. Аудиторы также должны рассматривать жалобы от населения, проводить расследование и делать запросы в органы внутренних дел, которые обязаны им отвечать в минимальный временной срок. Инквизиторы обязаны давать публичный отчёт своих расследований, а в случае обнаружения нарушений в работе чиновников или депутатов, передавать дело в суд.

■■■

Однопалатный парламент вместо двухпалатного

Ещё один пережиток старины и механизм контроля за обществом со стороны управляющих - двухпалатный парламент. Традиция тянется с античных и доантичных времён. Сенат в переводе с латинского означает просто собрание стариков. Senatus происходит от латинского Senex (старик). Если рассматривать аргументы за и против, то аргументы против перевесят. Критиком сената выступал ещё Аристотель. Во второй части книги "Политика" учитель Александра Македонского приводит следующие доводы против стариковской прослойки:

1. Мозги стареют не меньше тела. Образование устаревает тоже;

2. Известно, что многие сенаторы ведут общественные дела, беря взятки и предпочитают фаворитизм.

3. В связи с этим было бы хорошо лишить их доходы иммунитета от аудита;

4. Будущие сенаторы сами представляют свои кандидатуры на рассмотрение. Очевидно, что такими людьми движут алчность и амбиции.

Как видно из представлений Аристотеля, уже в древние времена сенат представлял из себя рассадник коррупции и взяточничества. Аристотель был противником должностей по принципу наследования богатства и знатного происхождения. В этом с ним полностью согласен Никола Маккиавели, полемизирующий с Титом Ливием. Соглашусь с этими политиками-практиками и я.

В некоторых странах представители верхней палаты назначаются, в некоторых избираются, как, например, в США после принятия в начале 20-го века 17-й поправки к конституции. Официальное объяснение для существования прослойки старцев было высказано Джеймсом Мэдисоном, что в области международной политики, где необходимы устойчивость, рассудительность и осторожность, сенат должен иметь особые полномочия. Трудно не согласиться с одним из отцов основателей, однако в таком случае следует также помнить и доводы Аристотеля о том, что доходы и деятельность старцев и членов их семей должны подвергаться тщательной проверке. Добавлю - проверке со стороны независимых аудиторов, избираемых народом. Тогда в принципе возможно существование двухпалатного парламента.

Но нужна ли вторая дублирующая голова, если на неё нужно постоянно тратить время и деньги, чтобы контролировать. Споры, начавшиеся с незапамятных времён, не утихают и по сей день. Очень интересные доводы за и против привёл, например, Том Тодд, аналитик законодательств из Минесоты в своём докладе "Unicameral or Bicameral State Legislatures: The Policy Debate"[18], датированном августом 1999 года. Замечтельное исследование полемики по теме выдал Алан Тарр в докладе "Одна или две палаты"[19] для Majority Policy Committee законодателей Пенсильвании в апреле 2010 года. Особых доводов у сторонников двухпалатной системы, кроме как сохранение традиций и привычной атмосферы, нет. В то же время сторонники однопалатной системы припирают всё более весомыми аргументами: дороговизна содержания, дублирование решений, раздрай по интересам различных групп. Интересно, что сторонником

---

[18] om Todd, Legislative Analyst. "Unicameral or Bicameral State Legislatures: The Policy Debate". Policy Brief, Minnesota House of Representatives Research Department, August 1999.

[19] G. Alan Tarr. "Bicameralism or unicameralism?" Testimony before the majority policy committee, Pennsylvania Legislature, April 2010.

однопалатной системы выступал и великий американский изобретатель и государственный деятель Бенджамин Франклин, однако победили двухпалатники, побоявшись насмешек и закрепления за собой имиджа простолюдинов. Сегодня же как насмешка выглядит двухпалатная система в России, стране некогда победившего социализма, уничтожившем подчистую всех лиц не рабоче-крестьянского происхождения. Новые самоназначенные "дворяне" народились там из партхоз номенклатуры и недр КГБ-ФСБ.

Очевидно, что люди, состоявшие в более высоких сословиях хотели немного отгородиться от тех, кто находился на более низких ступенях социальной иерархии. Ведь избирательным правом и гражданством награждались все жители вне зависимости от того, участвовали они в политической жизни или нет. Мне представляется весьма вероятным, что с введением в обиход аристотельского понимания гражданства, которое нужно будет заслужить участием в общественно-политической жизни, политическое качество как избирателей так и избираемых возрастёт в несколько раз, что автоматически сделает ненужной дублирующую и мешающую верхнюю палату на всех уровнях власти.

■■■

Партийная система - ещё одна прокладка

Пожалуй, самым сильным инструментом манипуляций при управлении обществом является партийная система, которая пронизывает все сферы и институты власти. Без принаждежности к партии невозможно стать конгресменом или президентом. Партии выполняют две важнейшие функции. Первая - это разделение общества по каким-либо второстепенным признакам: разделяй и властвуй. Вторая функция - посредничество, для того, чтобы отбирать и контролировать народных избранников, а фактически ставить приемлемых для управляющего сословия людей.

Сам механизм партий достаточно нов. Впервые он был применён в Америке в 1796 году. Даже Джеймс Мэдисон, который выступал адвокатом партий, видел в них всего лишь временные коалиции для особенно противоречивых выборов. В своё время подоходные налоги тоже вначале вводили как временные. Однако потом они стали увеличиваться и стали частью жизни людей. То же самое произошло и с партиями. Возможно на начальном этапе партии и помогали людям сформулировать чётче свои гражданские позиции. Но те, кто помогал, могли и незаметно увести в сторону от реальных вещей и реальных требований, запудрив мозги. По сути, партии были призваны выражать интересы народа, так как сам народ не мог в то время самостоятельно разбираться в делах государственной важности. Сегодня же партии представляют скорее интересы крупных корпораций и банков. Проблемам граждан с их земными заботами отводится крохотная часть времени и средств, что называется - для отвода глаз. Депутаты, как правило, встраиваются в проект определённых олигархических кругов и принимают хорошо проплаченные законы. Причём, с самого момента зарождения любая партия проявляет неординарную способность к росту чиновников и бюрократизации деятельности, превращаясь в институт продажных посредников между правительством и народом.

Сразу возникает вопрос. Если власть по определению народная, то зачем ещё нужны какие-то посредники между отдельным гражданином и его правительством? В век информационных технологий активным гражданам вряд ли нужны посредники. А вот для лепки каких-то политических взглядов пассивной и аморфной части населения - партии незаменимы. Причём, партии становятся в какой-то степени заложником этой пассивной массы, вначале внушая ей принадлежность к какой-либо группе по маркетинговому признаку (этничность, раса, пол, возраст, класс и т.д.), а затем мужественно "отстаивая" эти во многом второстепенные и выдуманные интересы. Поэтому корни социализма лежат во всеобщем избирательном праве. Напомню, что я предлагаю вернуться к аристотелевскому определению гражданства и права избирать и быть избранным - только тем, кто принимает участие в жизни общества.

Для убедительности приведём пример из истории. Сторонники Яна Гуса и Мартина Лютера подвергались преследованию в Европе за то, что решились отвергнуть "авторитет" папы и пастырей - посредников. Лютер перевёл Библию на немецкий, тем самым сделав труд толкователей-посредников практически неуместным. Спасение через веру, а не через церковь как юридический институт - то есть напрямую. В своё время Лютера церковь пердала анафеме за то, что он говорил "странные вещи", зато в Америке протестанты показали всему миру пример прогресса и процветания, минимизировав посредничество.

Усилим данный тезис. В современном мире большинство международных корпораций работает по принципу "On demand" (по требованию), когда, во-первых, исключается дублирование функций управления, а во-вторых, информационные технологии позволяют контролировать действия, происходящие на всех уровнях производства, хранения и сбыта продукции. Более того, корректировки поступают в систему в автоматическом режиме. Если есть надобность в звене - его мгновенно организовывают, нет надобности - его ликвидируют также мгновенно. Абсолютно тот же принцип применим и для государственных систем управления. Представьте, что в совете директоров появляется, помимо главного управляющего, ещё один как бы избранный на закрытом компьютерном голосовании главный директор, которого отозвать практически невозможно. Куда приведёт он компанию? Очевидно, что интересы директоров, знающих производство до корки, могут сильно противоречить интересам компьютерно избранного дублёра. Ещё неизвестно - чей это компьютерный засланец, перед которым нужно выкладывать все карты. Начинается раздрай, пока один управляющий не подчинит другого. Но не факт, что при победе компьютерно избранного засланца - компания не пойдёт с молотка. Поэтому бизнес нам подсказывает готовые оптимальные управленческие решения. Контроль за действиями главного управляющего - осуществляет совет директоров. Один неверный шаг - и собрание совета директоров снимает этого горе-управляющего в один присест. Так почему же человек, от которого зависит судьба всей страны может безнаказанно творить что угодно, не встречая сопротивления акционеров-граждан?

Лондонский Overseas Development Institute, занимающийся проблемами развивающихся стран, выпустил в 2011 году очень познавательную брошюру под названием "International assistance to political party and party system development"[20]. Довольно интересная брошюрка. Для моего исследования важен факт возможности оказания материальной помощи партиям в развивающихся странах, то есть возможность финансирования и формирования политической системы в стране с учётом интересов спонсоров. А вот в Южной америке для политических партий прозвенел серьёзный звоночек. В книге "Колапс партийной системы в Южной Америке"[21] Джейсон Сирайт достаточно подробно разбирает причины, по которым люди стали отдавать предпочтения независимым кандидатам. В кратце - это тотальная коррупция в партиях. Минимизация числа посредников во всех сферах жизни - локомотив прогресса, универсальная формула успеха. Век информационных технологий и аристотелевское определение гражданина нам в помощь.

[20] http://www.odi.org.uk/sites/odi.org.uk/files/odi-assets/publications-opinion-files/6869.pdf
[21] Jason Seawright. "Party-system collapse: the roots of crisis in Peru and Venezuela". Stanford University Press, Stanford, California 2012.

Налоги

В разные времена и в разных странах налог существовал в той или иной степени тяжести. В своё время германцы были возмущены новыми порядками римлян - обязанностью платить налоги. Для американцев подоходный налог был введён как временная мера правительства в начале 20-го века. Затем он стал постоянным. По германскому праву вся земля принадлежала королю и все обязаны были платить налог за пользование землёй. С этой точки зрения, сегодняшний земельный налог в Англии - это прежитки средневековья. В США налог на землю устанавливают муниципалитеты, но от этого он не становится маленьким. По всей видимости, нельзя полностью избежать налогов, но сделать их понятными и простыми - вполне посильная задача. Представляется, что подоходный налог необходимо отменить вообще, а юридические лица обязать платить фиксированный процент от дохода, а не от прибыли. Но рассмотрим то, что имеем сегодня – исчисление налога на прибыль.

Сегодня существуют основные три системы обложения налогом на прибыль: прогрессивная, регрессивная и фиксированная.

1) Прогрессивный налог.

Присутствует в большинстве стран мира. При увеличении доли прибыли предприятия, прибыль облагается прогрессивно большим налогом. Например, вы потратились и внедрили новую технологию. Прибыль увеличилась за счёт снижения различных затрат. Но чем больше вы получаете прибыли, тем больший налог в процентах от прибыли вы должны платить. Справедлив ли такой подход? Однозначно, что нет. Убивается стремление зарабатывать больше. Фактически производителю или человеку дают по рукам. Отбрасываем.

2) Регрессивный налог.

При увеличении прибыли – прибыль облагается меньшим налогом. Грубо говоря, чем больше прибыли – тем меньше процент налога. Тоже не справедливо. С одной стороны производитель поощряется производить больше и снижать затраты, а с другой стороны – стремление к сверх прибылям и наименьшим налогам - порождает непомерную жадность и как следствие – нарушения законов (экология, взятки и т. д.).

3) Фиксированная ставка процента.

С точки зрения справедливости - то, что нужно. Критики данной модели приводят такой аргумент, что богатые будут богатеть, а бедные беднеть. Давайте покажем, что это не совсем так.

Во-первых, данная схема не предусматривает перераспределения богатств, которое происходит при двух других моделях. Перераспределение честно нажитых богатств – аморально, ибо порождает иждивенчество одних за счёт других, более инициативных и продуктивных граждан. Что само по себе попахивает социализмом и рубит частную инициативу под корень, тогда как только творческая и инициативная личность способна творить и толкать цивилизацию вперёд, к прогрессу. Больше и эффективней работаешь – больше получаешь прибыли.

Во-вторых, фиксированная ставка процента налога позволяет предприятию не бояться показывать прибыль, что ведёт к прозрачности бухгалтерской отчётности. Отпадает необходимость укрывать налоги. И что самое важное – снижает до минимума теневой оборот, что позволяет пополнять казну. Собираемость налогов повысится в разы. Таким образом можно не бояться, что зарабатывая больше, фирма будет придумывать новые схемы вывода денег из оборота, не доплачивая в казну законную ставку процента от дохода.

Теперь, что касается подоходного налога

Как известно, подоходный налог в Америке был введён относительно недавно. Вначале временно, на период экономического кризиса. Но, не смотря на то, что такая мера противоречила Конституции, государство протолкнуло этот закон в жизнь. Временный подоходный налог не стали отменять, а превратили в постоянный. Сегодня в Америке действует популярное движение Tea Party, выступающее за отмену подоходного налога как антиконституционного, однако же государство не собирается отказываться от лёгкой статьи дохода. Почему несправедлив подоходный налог? Потому что он создаёт уравниловку. Те кто работает, платит налог, кто не работает - ничего не платит, но получает от государства пособия, субсидированное жильё и прочие блага. То есть, подоходный налог взимается фактически за право работать, что, естественно, отбивает охоту работать, особенно когда он платится по прогрессивной шкале. К подоходному налогу я бы также отнёс и обязательное страхование автомобиля. По сути, это такая же уравниловка, когда страдают добропорядочные граждане по вине несознательных водителей авто.

Налог не с прибыли, а с дохода для предприятий

Почему справедливо было бы брать налог не с прибыли, а с дохода. Первая причина – трудности с отслеживанием бухгалтерских операций внутри предприятия, связанная с необходимостью содержать огромнейший штат аудиторов и налоговых инспекторов. Здесь необходимо представить очередной экскурс в историю. Современная бухгалтерская система – архаичная система, придуманная для средневековых процедур ведения учёта торговли. Основал её в конце 15-го века – итальянец Лука Пачоли, друг Леонардо да Винчи. Напомним, что это было время великих географических открытий и система Луки очень кстати нашла широкое применение в среде европейских купцов, когда на них посыпались богатства и скорость торговли ускорилась в десятки раз. Таким образом, система Луки Пачоли оказалась востребованна временем и была своеобразной системой "Виндоуз от Билла Гейтса" для увеличившихся во много раз оборотов торговли европейцев. Сложность операций возрастала, усложнялась и бухгалтерская система. Те, кто изучал бухгалтерию и финансы, знают, что система эта не поддаётся однозначному толкованию. Всегда есть лазейки и неопределённости. Например, как записывать аренду оборудования – как Capital lease или как Operating lease. В США, например, для каждой такой ситуации есть куча разъяснений, которые знает не каждый аудитор. Однако же, никакие самые суровые акты регулирования системы финансовой отчётности не спасают экономику от новых и новых скандалов, связанных с банкротствами, списанием средств. Практически каждый год Конгресс вынужден издавать новые акты, регулирующие правила отчётности банков, предприятий торговли, биржевых операций и прочие. И всё равно каждый раз находятся бухгалтеры, которые умудряются обходить законодательные правила с целью занижения или завышения прибыли. Фактически, хотя это мало кто признаёт, сегодняшняя финансовая система отчётности не отвечает постоянно меняющимся требованиям рынка и подвергается непрерывному пересмотру. Иными словами, применение информационных технологий участниками рынка всегда опережает реакцию на эти изменения со стороны государственной машины. Плодятся проверяющие за проверяющими, увеличиваются расходы бюджета государства и в конце концов – государство в любом случае оказывается в поигрыше.

Поэтому, было бы более просто и справедливо не ломать голову над тем, какую часть дохода можно по правилам считать прибылью, а ввести единый налог (10%) с дохода, а не с прибыли. Доход всегда гораздо легче сосчитать, чем прибыль. Стало быть и контролировать уплату десяти процентов с доходов – гораздо легче. Не нужен бесчисленный штат проверяющих налоговых инспекторов. Совершенно не обязательно тратить деньги и годы на учёбу в университете, чтобы иметь возможность проверить бухгалтерские книги. Лучше за это время родить и воспитать ребёнка за счёт средств, полученных предприятием в связи с сокращением финансового документооборота.

Почему 10%? Цифра взята автором из эмпирического личного опыта. Обычно 10% люди готовы платить. Это тот психологический рубеж, когда человеку легче заплатить налог и жить спокойно, чем пускаться в укрывательство и постоянный риск угодить в тюрьму или раскошелиться на крупные штрафы. К тому же, фиксированная, а не прогрессивная ставка процента налога, позволяет безбоязненно наращивать темпы производства, не опасаясь, что придётся отдавать львиную часть прибыли на налоги. Также упрощённый 10% -й налог позволяет существенно сократить время подготовки финансовой отчётности, на которую сегодня уходит просто огромное количество времени. Как уже сообщалось выше, подсчитать доход и вычесть из него 10% сможет любой, не обращаясь за помощью к бухгалтеру. По сути подготовить налоговый отчёт за год можно будет в течение часа, имея на руках все документы о полученных доходах за год.

Следующий важнейший момент - это уплата налогов по месту деятельности предприятия, а не по месту регистрации. Опыт США показывает, что сверхсложное налоговое законодательство, варьирующееся по штатам, позволяет регистрировать фирму в том штате, где ставка налога ниже. Тем не менее, фирма, зарегистрированная в Иллинойсе, может работать в Нью-Йорке, нанося экологический вред последнему. Возникает несправедливость. И хотя фирма платит определённые налоги и в Нью-Йорке, всё же она уходит от налогообложения в какой-то мере. Ввод единого налога с дохода в размере не больше 10% делает такие юридические манёвры бессмысленными. К этой же проблеме можно отнести и регистрацию предприятий в оффшорах, большая часть которых подконтрольно Великобритании.

Также, представляется справедливым налогами как коммерческие предприятия, так и некоммерческие, включая религиозные? Как правило, некоммерческие фонды и организации часто служат прикрытием для прогона денежных средств, отмыва денег и ухода от уплаты налогов. Борьба за гранты, которые сами по себе являются развращающими и порождают коррупцию и взятки, часто приобретает криминальную природу и рождает преступность, подкуп, взятки, несправедливость и, как следствие, разлагает мораль общества. Народные избранники сами знают местные проблемы и закладывают в бюджет соответствующие расходы. Гранты, льготы, подачки лучше запретить вообще.

Таким образом, если от налогов нельзя избавиться вообще, то было бы разумно их сократить, упростить и сделать более прозрачными.

■■■

Финансы

Немного истории

Ключевой монополией государства являются финансы, что заключается в центральном банке, который как бы управляется независимым агенством и который имеет монополию на денежные операции. В разные времена финансовые центры играли роль невидимой руки, двигающей торговлю, войны, целые государства и даже этносы людей. Принадлежали они мощным кланам финансистов или банковским домам, распологавшимся в древних центрах торговли: городах Вавилона, Ассирии, Митанни, Хетской империи, а также в городах Алеппо, Дамаске, Палмире, Петре и многих других[22]. Сильные центры финансов располагались в древне-греческих городах, таких как Афины, Делос, Сардис, Эфес. Эти банковские дома вели своё происхождение от жрецов храмов и проявляли удивительную способность приспосабливаться под новых богов в случае изменения политической ситуации. Без каких-либо намёков Михаил Ростовцев, лично принимавший участие во многих раскопках в Сирии, отмечает удивительную схожесть построек монастыря Св. Симеона под Алеппо и Троицко-Сергиевой лавры под Москвой, ставшей духовным центром Московии в 15-м веке. Вот только ли духовным? Религия всегда играла охраняющую роль для богатств, хранившихся в храмах, и шла с финансами рука об руку. Поэтому все смены религиозных концепций государств было бы гораздо объективней рассматривать в первую очередь как смены спонсоров государственной власти. Здесь открывается простор для историков и исследователей. Я же хотел бы остановиться всё-таки на более конкретной теме манипуляций финансами на государственом уровне.

Доктор экономических и юридических наук, замечательный испанский учёный Хесус Уэрта де Сото полностью раскрыл механизмы современной жуликоватой финансовой системы и подтвердил мои собственные предположения о том, каковой должна быть здоровая банковская система. Его книга "Деньги, банковский кредит и экономические циклы"[23] венчает достижения и исследования учёных австрийской школы экономики, научно доказавших нежизнеспособность социализма и его пережитка - центробанковской системы. Ссылаясь на Йоакин Триго Портела, автор даёт нам сведения о первых банках мира. Около 3300 года до н.э. храм Урука владел землями, получал приношения, вклады и давал взаймы фермерам и торговцам зерна и скота, являясь таким образом первым банком мира. В Британском музее есть глиняные таблицы, зафиксировавшие финансовые операции банка "Сыновья Егиби"

Это была настоящая финансовая династия, о чём свидетельствуют записи на таблицах в течение 180 лет времён Ассирийцев. Бум же банковского бизнеса начался примерно между 730 г до н.э. и 540 г. до н. э, когда ассирийские и нововавилонские династии обезопасили торговлю, которая породила специализированные банки. Затем банковская активность распространилась в Египет, а оттуда в древнюю Грецию. Примерно тогда же мы видим и расцвет греческих колоний

---

[22] Michael Rostovtseff. "Caravan cities" Oxford at the Claredon press, 1932.
[23] Jesus Huerta de Soto. "Money, bank credit, and economic cycles"
Ludwig von Mises Institute, Auburn, Alabama 2012.

- масштабных торговых экспедиций. В Греции храмы считались неприкосновенными по религиозным причинам и потому служили безопасным местом хранения денег. Кроме того, они имели свои силовые структуры для защиты и возврата долгов. Скорее всего боги обучали жрецов финансовой науке ещё в Шумерии. Позднее, один из них так учил свой народ: "…и ты будешь давать взаймы многим народам, а сам не будешь брать взаймы; и господствовать будешь над многими народами, а они над тобой не будут господствовать" (Второзаконие 15:6). Ещё одно подтверждение нерушимого союза религии и финансов в древности.

Интересно, что в древнем мире существовали три основных вида банков: при храме, городские банки и частные. Часто бывало, что банкиры пренебрегали правилами приличия и давали взаймы те деньги, которые обязаны были хранить у себя в сейфах. Так, например, в 371 и 376-377 годах до н.э. греческий мир охватил финансовый и экономический спад, в ходе которого разорилось много частных банков, включая банки Тимодемуса, Сосиномуса и Аристолохуса. Причины банальны - вкладчики потребовали денег, а денег не оказалось.

Птолемейский греческий Египет был первым государством, основавшим государственный банк. Вместо того, чтобы бегать за банкирами с проверками правильности ведения бизнеса, Птолемеи решили сами зарабатывать на банковском деле, фактически монополизировав финансовые транзакции, чеканку денег и их обмен. Все валюты, поступавшие в Египет, должны были быть переплавлены или обменены. Хождение иностранных денег запрещалось. Хотя частные банки и существовали, но их деятельность была скорее вспомогательной и обслуживала мелких клиентов. Сохранность денег обеспечивал престиж государства, поддерживаемый в свою очередь богами, в частности Сераписом. Опыт Птолемеев оказался заразительным. В древнем Риме тоже звучали предложения создать государственный банк, который бы обслуживал всех под приемлемый процент, а основные доходы бы получал от эксплуатации государственной собственности. Но это предложение Дио Кассиуса не прошло. Вместо этого римские законы предусматривали полную неограниченную ответсвенность банкиров за их деятельность и запрещали взимать процент. Если Селевкиды разрешали отдельным городам и храмам чеканить свои деньги, то Птолемеи не позволяли это делать никому. При Антиохусе 3-м и 4-м Селевкиды пытались изъять деньги храмов, в частности у Иерусалимского, что вызвало возмущения, а затем и восстания Макавеев и возвращение Иерусалимского храма под власть иудейских жрецов. Видимо учтя горькие уроки, Антиох 4-й гарантировал право многим городам чеканить королевские монеты.

Удивительно, но в древнегреческом мире не было инфляции за исключением Египта Птолемеев, который монополизировал финансовую деятельность и препятствовал проникновению иностранного капитала. Первые результаты деятельности правительственного центробанка были неудачными и привели к печальным последствиям. В 3-4 веках нашей эры большинство банков римской империи также разорились в результате зарегулированности их деятельности со стороны государства.

Падение Римской империи означало исчезновение значительной части её торговли и феодализацию экономических и социальных отношений, пока в 12 веке новые экономические отношения и торговая активность итальянских городов-республик не привели к необходимости создания международных финансовых институтов, которые могли бы обслуживать эту торговлю. Таким институтом международной торговли стал в 12 веке орден Тамплиеров, разбогатевший во время крестовых походов и имевший более, чем 9 тысяч отделений в мире. Хесус де Сото пишет, что тамплиеры и банки Италии в целом порядочно вели финансовые дела: они брали определённую сумму за хранение денег, их транспортировку и использовали хранимые деньги для выдачи кредитов только с согласия самих клиентов. Тем не менее, соблазн нарушить правило 100%-ной резервной ставки был велик и банки, периодически подталкиваемые королями, вынуждены были идти на овердрафт, то есть выдавать кредиты на сумму, превышающую хранимые в банке депозиты, что иногда приводило к инфляции и прочим негативным последствиям. Главное здесь то, что как только банкиры подпадают под влияние государственных деятелей, как правило, начинается принуждение к финансированию различных субъективных проектов, часто с нарушением правила 100%-ного резерва.

Уже в новое время о необходимости создания ЦБ заговорил Карл Маркс в пятом параграфе знаменитого коммунистического манифеста. Маркс обосновывал необходимость существования Центрального банка целью контроля за всей экономикой и её защиты от посягательств капитализма. США до 1913 года вполне обходились без центрального банка и показывали самые быстрые темпы роста экономики и развития. После создания ФРС (Федеральной Резервной Системы) отличие от Марксовой модели было лишь в неподчинении центробанка государству напрямую. Тем не менее, как только банковская деятельность получила единое управление, она сразу же посягнула на правило 100% -ной резервной ставки и начала выдавать кредиты направо и налево. В результате Америка столкнулась с серьёзной инфляцией, а в последствии получила так называемую Великую депрессию начала 30-х годов. Выход был найден "гениальный"

Если раньше рынок саморегулировался путём банкротства банков и предприятий, то теперь государство брало на себя все долги. Дальше последовали новые кризисы, результатом чего стал отказ от золотого стандарта и возможность выпускать не подкреплённые золотом или серебром долговые обязательства правительства. Сегодня практически во всех странах мира победило кейнсианство, которое имеет многие схожие черты с птолемеевским Египтом: монополия центрального банка на выпуск денег, монопольное право на обмен денег, хождение только официальной валюты, монопольное право на выпуск долгов, 10-ти или 15-ти процентная резервная ставка.

За несколько десятилетий до краха СССР Людвиг фон Мизес и Фридрих фон Хайек доказали неизбежность крушения социалистической экономики. Рейгану оставалось лишь дожать античеловеческий монстр. В этой связи важным будет отметить, что сам Кейнс, который считается "спасителем" от Великой депрессии 1930-х годов, вначале был прекрасно осведомлён об опасности инфляции и центрального регулирования, он даже цитировал Ленина в своей работе "The Economic Consequences of the Peace" (NY, 1920): " Ленин утверждал, что лучшим способом уничтожения капиталистической системы является подрыв валюты, путём постоянной незаметной инфляции, когда правительство, таким образом, незаметно конфискует значительную часть состояний граждан.."

Однако что-то случилось с "гением" макроэкономики и он пошёл на поводу у власть имущих. На самом же деле, любая инфляция создаётся искусственно в недрах Центрального банка, когда последний решает кому и сколько нужно выдать денег на поддержку. Эти деньги, естественно, не имеют никакого обеспечения ни золотом, ни природными ресурсами, ни вообще каким-либо активом. Создаваемый таким образом излишек денег вводится в экономику через участвующие лицензионные банки, а процент инфляции распределяется равномерно на плечи конечных потребителей.

Современное решение вопроса

Сегодня видный представитель Австрийской школы экономики Хесус де Сото показал, что социалистический центробанк - не есть жизнеспособная система на долгий период времени. В противовес сегодняшней преступной модели, основанной на сговоре частных банков и государства, Хесус де Сото предлагает следующий вариант устройства банковской системы:

1) свобода выбора валют;

2) 100%-я резервная ставка;

3) запрет центро-банка и введение системы свободных банков.

Важно, что система не будет работать, если хоть один из пунктов не будет воплощён в жизнь. Хесус де Сото предлагает поэтапное внедрение данных принципов. Остановлюсь подробнее на каждом пункте.

1) **Профессор де Сото предлагает приватизацию денег путём замены их на металлические золотые деньги, а если золото не приживётся, то допустить любой другой денежный стандарт, который будет востребован и воспринят рынком.**

Я лично не сторонник золотого стандарта по простой причине лёгкости подделок в сегодняшний век передовых технологий. Другое дело, что действительно нужно дать свободу участникам рынка вести расчёты в любой удобной им валюте, отменив таким образом монополию государства на деньги. Все деньги должны быть обеспечены определёнными активами, которые в свою очередь должны быть представлены общественности для подтверждения того, что деньги субъекта не являются пустышкой. Также они должны свободно котироваться друг относительно друга без жёсткой государственно-регулируемой привязки к чему-либо. Выпуск любых денег, конечно, должен быть привязан к реальным резервам, желательно ликвидным. Это могут быть природные ресурсы, мощности производства, новейшие технологии или просто запасы золота. Каждая страна будет вправе самостоятельно решать, выпускать ей золотые и серебрянные монеты или продолжать печатать обеспеченные определёнными активами бумажные деньги. Участники денежного рынка не привязаны ни к какой валюте мира. Слабая валюта не будет приниматься участниками рынка к оплате по причине её неликвидности. Никто не захочет продавать свои услуги и товар за фантики. И наоборот, сильная валюта, обеспеченная проверенными запасами золота, алмазов, сильным производством, сильной экономикой, будет с удовольствием принята любым продавцом.

Также я считаю, что необходимо дать возможность не только решать, какой валютой пользоваться, но и право создавать и пользоваться дополнительной параллельной валютой на местном уровне.

Дополнительная валюта призвана решить проблему нехватки оборотных средств. Таким образом городские хозяйства не будут зависеть от воли центра. Каждый город или область сами вынуждены будут отвечать за то, чтобы её параллельная валюта не обесценилась. Или даже, как вариант, возможны безденежные расчёты на местном уровне. Например, отсутствие обязательных расчётов деньгами при предоставлении кредитов фермерам со стороны фермерской ассоциации позволяет избежать рисков девальвации, выплаты процента, а также риска нецелевого использования кредита. Существует пример фермерской ассоциации буров Южной Африки. Кредит фермеру выдаётся животными, сельскохозяйственной техникой, кормами, зерном и т.д. Кроме того, фермерская ассоциация напрямую заинтересована, чтобы кредит не пропал, оказывать фермеру постоянную консультационную поддержку. К тому же, все успехи и неудачи нового члена ассоциации - на виду. Отдавать такой натуральный кредит придётся тоже не деньгами, которые могут всегда превратиться в фантики в виду девальвации, а теми же всегда ценными продуктами. Отпадает возможность кредитодателя нажиться за счёт процентов по кредиту. Зато реальная польза всем участникам ассоциации фермеров – несомненная. Совокупный реальный продукт вырастет, а значит вырастет и общее благосостояние народа. Главное отличие новой системы в том, что она формируется снизу, на основе реальных хозяйственных связей и реальной рыночной экономики, без диктата сверху, регулировок и прочих директив.

2) **100%-й банковский резерв должен стать обязательным.**

Было бы разумным закрепить эту основу основ здоровой экономики в конституции. Вероятно, что проверкой за соблюдением этого правила должны заниматься как общественные аудиторы, так и официальные службы. Наказанием за несоблюдение золотого правила должны стать уголовное преследование и отзыв лицензии. Напомню, что сегодня во всех странах мира действует 10-ти или 15-ти процентный банковский резерв. Это означает, что имея на счетах 100 долларов, банк может выдавать кредит на 1000 долларов, что и является причиной инфляции.

3) **Одновременно с запретом центробанка было бы желательно облегчить создание банков и кредитно-финансовых учреждений. Наличие большого количества кредитно-финансовых учреждений должно снизить ставку процента, сделать кредиты доступными для всех участников рыноч-**

ных отношений и устранить все минусы монопольной центробанковской социалистической системы.

Сама социалистическая регуляция банковской системы, существующая сегодня, порочна в том, что отменяет законы рынка. Она спасает от банкротства нежизнеспособные банки, вместо того, чтобы заниматься кредитованием экономики. Более того, центральный банк не обладает необходимой информацией о состоянии экономики во всех городах и посёлках. Он действует на основе макроэкономических данных, которые не отражают особенности местных хозяйств и рынков. Эта система равносильна системе госплана, существовавшего в СССР. Показателен пример России после коллапса финансовой системы в 90-х годах. Банки возникали сами по мере необходимости на базе крупных предприятий! Действовавшие тогда государственные банки отказывались их обслуживать. Так и возникли Газпромбанк, Стройбанк, Судостроительный Банк, Сибакадембанк, Агропромкредит Банк, Желдорбанк и т.д. Они создавались для обслуживания производства, по необходимости, то есть снизу, а не сверху. Развитие южнокорейских корпораций - чеболей и японских сюданов как раз связано с возникновением особого типа финансово-промышленных групп. Эти группы, включая в себя и финансовые структуры, становились независимыми от внешней банковской системы, что добавляло им устойчивости и эффективности в использовании имеющегося капитала. Многие ТНК также имеют в своём составе финансовые институты, что увеличивает их конкурентоспособность. Если раньше храмы имели свои вооружённые группы людей для выбивания просроченных кредитов, то сегодня, конечно, необходимо оставить этот вопрос в ведении государственных органов.

Рынок банковских услуг только тогда становится рынком, когда отсутствует монополия. Поэтому в идеале любой гражданин, обладающий активами, должен иметь возможность открыть своё кредитное учреждение. Только тогда, когда предложение кредитов будет балансировать спрос на кредиты, мы сможем увидеть реальную низкую ставку процента по кредитам. Естественно, что кредитов не хватает, а цена на них завышена. Простой закон рынка. Воевать с этим бессмысленно.

Любой центробанк приводит к диктату и монополии, что тормозит развитие, порождает коррупцию, откаты, взятки и даже убийства. Так в России был убит первый зампред Центробанка Андрей Козлов, который занимался вопросами лицензирования банков. То есть, решал, кому дать, а кому не дать лицензию. Государству всегда легче решать вопросы с одним человеком, с одним банком. А вот попробуйте-ка вы договоритесь с рынком банковских услуг без монополиста. Это сделать будет гораздо сложнее, если не невозможно. Такая рыночная экономика никогда не будет парализована, её фактически невозможно задушить. Исключается возможность "выкупания" долгов одних государств за счёт других, как это делается сегодня в Европе. Никто не будет в праве диктовать, помогать ли соседней экономике. Рыночный механизм наказания нерадивых хозяйственников и поощрения добротных – залог высокой производительности, инноваций и морали в обществе.

Итак, выгоды от обновлённой "трёхстолповой" банковской системы очевидны. Правительство не сможет разбрасываться ненужными проектами. Мощь госмашины снизится в разы, а свободы граждан увеличатся в разы. Это мощнейший инструмент ослабления репрессивной машины государства. Будет сокращена до минимума возможность вести войны без крайней необходимости. И самое главное - постепенно увеличится покупательская способность населения за счёт уничтожения инфляции и создания реальных производственных мощностей. В перспективе возможно отмирание государств как устаревших и ненужных институтов власти, при плавном переходе к более естественному древнему устройству мирового хозяйства.

■ ■ ■

Вооружённые граждане

Во время написания данной главы пришли вести из Ирака о захвате боевиками северных районов Ирака. Иракские военные и полиция разбежались, часть была захвачена в плен и расстреляна. Государственный секретарь США Джон Керри спустя несколько дней заявил, что иракский народ должен найти себе новых лидеров. Помочь иракскому правительству вызвался Иран, опыт государственного строительства которого насчитывает тысячелетия. В Украине вооружённые боевики, подстрекаемые и поддерживаемые из России, также захватили государственные здания в восточных областях и заявили об отделении от Украины. Армия США в своё время потратила много усилий для очищения основных городов Ирака от боевиков и передаче власти новоизбранному правительству Ирака. Боевики отступили и перегруппировались, однако после вывода войск они снова заявили о себе, получив откуда-то финансовую поддержку. НАТО заявило о том, что Россия использует в Украине новую тактику ведения войны, когда официально армия не вступает в бои, а действует хорошо обученными группами диверсантов, способными превратить любой город в безжизненное пространство за короткое время. Так ли уж нова практика использования диверсантов и наёмников? Для людей, знающих историю, такие методы ведения войн далеко не новы. Вся средневековая история - это война наёмников за чьи-то интересы. Сомневающихся я отошлю к работам господина Маккиавели, который ратовал за создание в Италии регулярной народной армии и возлагал всю вину за нестабильность и междоусобицы на практику использования наёмников.

Однако же наёмники не смогли бы ничего поделать, например, в Израиле или в Швейцарии, потому что быстро бы получили отпор от вооружённых граждан, способных очень быстро мобилизоваться для защиты своих земель. Тем не менее, сегодня в Ираке и в Украине мы видим совершенно разные подходы к исправлению ситуации. Если в Украине происходит формирование гражданского общества, создание народных, боеспособных и идеологически закалённых батальонов, принимающих участие в боях с террористами, то в Ираке опять упор хотят сделать на сильного лидера и правительственные войска. Да, в Украине тоже воюют правительственные войска, но параллельно создана и нацгвардия, и батальоны самообороны. Кроме того, избранный президент Пётр Порошенко официально взял курс на децентрализацию власти и предоставление большей самостоятельности регионам. Официально объявлено о возможности формирования народных исполкомов и местных органов исполнительной власти. Боевики поначалу не встретили сопротивления в восточных городах Украины из-за советской системы формирования власти, а именно назначений из центра всех чиновников, включая самого последнего начальника милиции. В результате народ, привыкший, что от него ничего не зависит, пребывающий в апатии, легко стал добычей вооружённых людей. В то же самое время для активных граждан предоставилась возможность влиять на власть, организовавшись в батальоны и отряды самообороны. Таким образом, в Украине складывается уникальная ситуация, когда при ослабленной вертикали власти граждане могут вновь почувствовать себя ответственными за судьбу отечества и в какой-то степени возродить традиции козацкого самоуправления. Важнейшим компонентом здесь является вооружённый народ, а точнее - его активные граждане.

Лишь столкнувшись с вооружёнными гражданами и вооружёнными силами, террористы на востоке Украины вынуждены были ретироваться. Например, 13-го июня 2014-го года батальон Азов очистил город Мариуполь от боевиков, проведя точеные операции по освобождению зданий в центре города. Важным компонентом здесь является если не поддержка, то нейтральная политика правительства по отношению к формирования отрядов самообороны активных граждан. Конечно, регулярная армия оказалась незаменимой при окружении населённых пунктов, занятых террористами, но для противодействия войне нового типа в городских условиях армия старого образца не сможет быть эффективной. Ей придётся или превратить город в руины или похоронить в городе огромное количество военной техники, так как террористы ведут огонь из жилых домов, прикрываясь мирными жителями. Если бы в Украине существовала национальная гвардия на подобие швейцарской, то отпор террористам был бы дан немедленный. На сегодня у страны нет другого выхода, как опираться на боеспособных граждан, а значит - на создание армии по швейцарскому типу. Правительство вынуждено отдать большую часть полномочий местным властям, иначе всю элиту и саму страну ждёт распад и уничтожение по сценариям, разработанным и озвученным в Москве. Благодаря странному стечению обстоятельств, когда Европа и США фактически не могут оказать Украине военную помощь, потому что страна не входит в НАТО, элиты вынуждены опираться на то, что есть и щедро делиться с народом властью. На наших глазах происходит рождение нового типа государства сознательных граждан. Показательна в данном случае инициатива министерства сельского хозяйства по раздаче участникам боевых действий учасков земель бесплатно в лучших традициях древнеримской республики. В Украине уже существует однопалатный парламент, президент обладает очень ограниченными полномочиями, осталось воплотить в жизнь ещё несколько пунктов, озвученных в данной книге.

Но необходимо всегда быть начеку, потому что государство при первой возможности стремится уничтожить добровольческие военизированные формирования. К сожалению, Украина оказалась не исключением. В августе 2014-го при полном попустительстве командования армии, самые боеспособные добровольческие батальоны "Донбас", "Днепр" и другие оказались в окружены российскими войсками в городе Иловайск, чторядом с Донецком. Регулярные части украинской армии не приходили на помощь, стоя всего лишь в нескольких километрах от города. Учитывая то, что окружения и уничтожения батальонов можно было избежать, командование вооружённых сил сделало всё для того, чтобы уничтожить наиболее идейных и боеспособных бойцов. По словам командира "Днепра" Юрия Берёзы, даже когда были достигнуты соглашения по организации коридора для выхода окружённых частей, которые российские войска нагло нарушали, эти договорённости касались лишь регулярных воинских частей. То есть украинское военное командование спокойно пошло на сдачу и уничтожение добровольческих батальонов. Это говорит о том, что армейские генералы страшно боятся независимых вооружённых народных формирований. Также, как этого боялись большевики, уничтожившие казачество в России. Лишь невооружённый народ можно было использовать в качестве строительного материала для их Красной Империи. Как показал исторический опыт для защиты страны гораздо эффективнее подойдёт войско свободного вооружённого народа, войско активных граждан, знающих, за что конкретно они воюют.

Может ли вооружённый народ остановить преступность?

Москва по некоторым данным входит в двадцать самых опасных городов мира. По данным последних социологических опросов более 60% населения России не доверяют милиции (в Москве - более 80%). Только по официальной статистике МВД в России ежегодно убивают более 30 тысяч человек (в Афганистане за всю погибло войну вдвое меньше), пропадают бесследно более 40 тысяч человек. По уровню преступности Россия занимает второе место в мире. После того как в Молдове в 1998 году разрешили ношение короткоствольного оружия с любым магазином вплоть до 20 патронов, преступность сократилось там на 56%!!! Латвия, Литва, Эстония - то же самое: короткоствольное оружие разрешено, преступность сократилась почти вдвое. В Великобритании в 1999 году запретили ношение короткоствольного оружия из-за случая убийства в школе. В 2003 году преступность возросла на 84%!!! На одно убийство в школе - сотни из-за запрета оружия. В США преступность из года в год падает, а количество оружия на руках - растет, и штатов с ограничением права на ношение оружия становиться все меньше.

Большинство бандитов, покупая нелегальное оружие, носят его вполне свободно, и готовы его применить для разбойных нападений и насилия. Десятки тысяч незарегистрированных пистолетов безнаказанно обращаются на черном рынке по всей стране! Преступники не боятся безоружных людей. Напротив, вооруженные граждане Прибалтики ежегодно сдают в полицейские участки десятки бандитов и предотвращают множество преступлений. Опыт демократических стран, в которых приняли действенные механизмы вооружения народа, по сравнению с периодом обеспечения правопорядка исключительно возможностями государственных структур, показывает значительное снижение уровня преступности!

Интересная закономерность. Как устроено войско, так устроено и общество. И наоборот. На протяжении веков демократической страна была та, в которой граждане были вооружены. В республиканском Риме был вооружен народ, а когда вместо ополчения появились наемники, Рим перестал быть республикой. В странах древней Греции тираны перед узурпацией власти хитростью и обманом лишали граждан оружия. Вообще ношение оружия было признаком свободы человека. Рабы не имели такого права. Эти вещи были настолько очевидны, что воспринимались априори, как нечто само собой разумеющееся. Сегодня же, хотелось бы подчеркнуть, речь идёт о праве иметь оружие активным гражданам. Это право должно быть заслужено прохождением службы в армии, получением определённого образовательного ценза и участием в политической жизни села, города, страны. Закончить эту главу хотелось бы словами великого Томаса Джефферсона: *"Самой сильной причиной для сохранения права людей иметь и носить оружие является их самозащита от тирании".*

■■■

Заключение

Если рассматривать наш мир как постоянно движущийся эволюционный процесс, то можно сказать, что на определённом этапе страны и государства сталкиваются с проблемами развития, которые необходимо решать, чтобы жить дальше. Касательно проблемы, озвученной профессором З. Бжезинским в самом начале данной работы, желательно всё-таки найти мирный способ решения вопроса, чтобы элиты не пошли на уничтожение миллионов людей. Такие решения я озвучил в своей книге. Причём, если присмотреться внимательно, то вселенная почти всегда предоставляет возможности для эксперементирования в некоторых уголках планеты. Так Америке был дан в своё время шанс применить новые политические технологие, которые позволили человечеству сделать громадный шаг вперёд на пути к свободомыслию и процветанию. Сегодня такой площадкой для исполнения прогрессивных замыслов определённых богов может стать Украина, чтобы опробовать ещё более свободные формы самоуправления. И кто знает, ещё какие страны сегодня находятся на пороге масштабных реформ, потрясений и изменений. Во всяком случае, Америка создала почву для произрастания новых, более продуманных идей свободы человека от тирании государства - детища первых богов. Для скептиков и тех, кому упоминание богов-инопланетян показалось наивным, скажу, что даже если их и нет, то их стоило бы придумать для заполнения пустот в картине мира и объяснения происходящих процессов, найти объяснение которым наука в данный момент не может. Так учёные придумывают название неизвестным вещам, например - чёрная материя. Все знают, что там что-то есть, но конкретно объяснить не могут. В нашем же случае, всё не так безнадёжно, ведь у нас есть древние артефакты, свидетельства очевидцев и десятки тысяч расшифрованных древнешумерских таблиц.

Сегодня удобренная Америкой почва дала новые ростки. Надеюсь, что мне удалось в общих чертах нарисовать картину политики ближайшего будущего. Нам нужен ренессанс и создание как можно большего числа независимых институтов критической сократской мысли. Спасибо древним стоикам, ценою своей жизни давших людям традицию критического мышления: Зенону, Сенеке, Цицерону и Марку Аврелию. Спасибо ранним христианским гностикам, сумевшим спрятать в пещерах свои гностические тексты. Спасибо Медичам, благодаря которым вновь увидели свет древние манускрипты и начался ренессанс. Спасибо Копернику, Галилею, Макиавелли, вольнодумцу Вольтеру и великим Томасу Джефферсону и Бенджамину Франклину. Спасибо всем представителям Австрийской школы экономики, научно оформившим неизбежность распада социалистических систем и всемогущего государства. Ну и конечно, спасибо тем неизвестным богам-гуманистам, которые иногда жертвовали собой ради веры в человека и его способность достичь способности разумного самоуправления. Благодаря эре информационных технологий все независимо и критически мыслящие люди имеют возможность общаться и объединять свои усилия.

Источники

1   Aristotle. "The politics"
    Penguin books, London, England 1962.
2   Bramley, William. "Gods of Eden"
    Harper Collins Piblishers Inc. New York, New York 1990.
3   Cicero, Marcus Tullius. "On the Commonwealth"
    Macmillan Publishing Company, New York, New York 1976
4   Crowley, Roger. "City of fortune: how Venice ruled the seas"
    Random House, New York 2012.
5   De Soto, Jesus Huerta. "Money, bank credit, and economic cycles"
    Ludwig von Mises Institute, Auburn, Alabama 2012.
6   De Tocqueville, Alexis. "Democracy in America"
    Mentor, Penguin Books USA Inc.
7   Ferguson, Marilyn. "The Aquarian conspiracy.
    Personal and social transformation in our time"
    J.P.Tarcher, Inc., Los Angeles 1980.
8   Klyosov, Anatole A. "Reconsideration of the "Out of Africa"
    Concept as Not Having Enough Proof"
    Advances in Anthropology. 2014. Vol.4, No.1, 18-37.
    The Academy of DNA Genealogy, Newton, USA.
9   Machiavelli. "The portable Machiavelli"
    Penguin books USA Inc., New York, New York 1979.
10 Morrall, John B. "Political thought in medieval times"
    Medieval Academy of America 1980.
11 Rostovtzeff, Michael. "Iranians and Greeks in South Russia"
    Oxford at the Clarendon Press 1922.
12 Rostovtzeff, Michael. "The Social and Economic History of Roman Empire"
    Oxford University Press, 1957.
13 Rostovtseff, Michael. "Caravan cities"
    Oxford at the Claredon press, 1932.
14 Rothbard. Murray N. "Anatomy of State"
    Ludwig von Mises Institute, Auburn, AL 2009.
15 Seawright, Jason. "Party-system collapse:
    the roots of crisis in Peru and Venezuela"
    Stanford University Press, Stanford, California 2012.
16 Sitchin, Zecharia. "The wars of gods and men"
    Harper Collins Publisher, New York, New York 1985.
17 Smith, Homer W. "The Man and his gods"
    Little, Brown and Company, Boston 1952.
18 Tarr, G. Alan. "Bicameralism or unicameralism?"
    Testimony before the majority policy committee,
    Pennsylvania Legislature, April 2010.
19 Tellinger, Michael. "Slave species of the gods.
    The secret history of the Anunnaki and their mission on Earth"
    Bear & Company, Rochester, Vermont 2012.

20 Todd, Tom. Legislative Analyst. "Unicameral or Bicameral State Legislatures: The Policy Debate". Policy Brief, Minnesota House of Representatives Research Department, August 1999.

21 http://www.storyleak.com/ brzezinski-global-political-awakening-making-syrian-war-difficult/#ixzz31SY7tqxn

22 http://www.odi.org.uk/sites/odi.org.uk/files/odi-assets/publications-opinion-files/6869.pdf

23 http://www.justiceatstake.org/issues/state_court_issues/election-vs-appointment/

■■■

www.ingramcontent.com/pod-product-compliance
Lightning Source LLC
Chambersburg PA
CBHW052142270326
41930CB00012B/2988